首都圏版⑲

最新入試に対応！ 家庭学習に最適の問題集!!

東京都市大学付属小学校

2022年度版 過去問題集

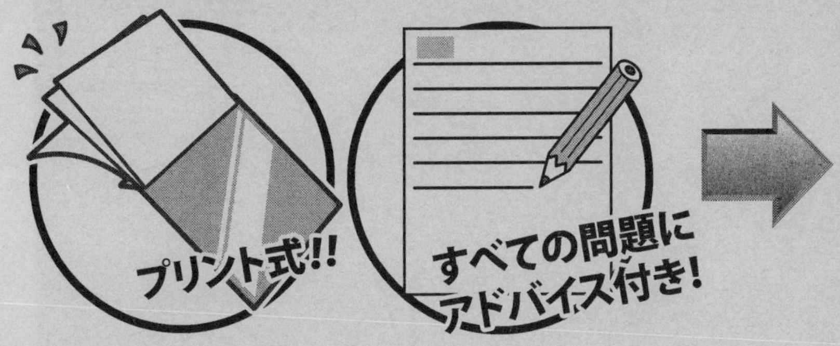

<問題集の効果的な使い方>

①お子さまの学習を始める前に、まずは保護者の方が「入試問題」の傾向や、どの程度難しいか把握します。もちろん、すべての「学習のポイント」にも目を通してください

②各分野の学習を先に行い、基礎学力を養いましょう！

③「力が付いてきたら」と思ったら「過去問題」にチャレンジ！

④お子さまの得意・苦手がわかったら、その分野の学習を進め、全体的なレベルアップを図りましょう！

合格のための問題集

東京都市大学付属小学校

お話の記憶	1話5分の読み聞かせお話集①・②
推理	Jr・ウォッチャー6「系列」
数量	Jr・ウォッチャー43「数のやりとり」
常識	Jr・ウォッチャー27「理科」、55「理科②」
図形	Jr・ウォッチャー1「点・線図形」

2018～2021年度 過去問題掲載 ＋ 各問題にアドバイス付!!

日本学習図書 ニチガク

ニチガクの家庭学習支援

Web学習サポートサービス

こんなこと…ありませんか？

「ニチガクの問題集…買ったはいいけど、、、
この問題の教え方がわからない（汗）」

メールでお悩み解決します！

☆ ホームページ内の専用フォームで必要事項を入力！
☆ 教え方に困っているニチガクの問題を教えてください！
☆ 確認終了後、具体的な指導方法をメールでご返信！
☆ 全国どこでも！ スマホでも！ ぜひご活用ください！

<質問回答例>

学習のポイント

推理分野の学習では、後の学習に活きる思考力を養うことができます。ご家庭で指導する場合にも、テクニックにたよらず、保護者の方が先に基本的な考え方を理解した上で、お子さまによく考えさせることを大切にして指導してください。

Q.「お子さまによく考えさせることを大切にして指導してください」と学習のポイントにありますが、考える習慣をつけさせるためには、具体的にどのようにしたらいいですか？

A. お子さまが考える時間を持てるように、質問の仕方と、タイミングに工夫をしてみてください。
たとえば、「答えはあっているけど、どうやってその答えを見つけたの」「答えは○○なんだけど、どうしてだと思う？」という感じです。はじめのうちは、「必ず30秒考えてから手を動かす」などのルールを決める方法もおすすめです。

まずは、ホームページへアクセスしてください!!

http://www.nichigaku.jp　日本学習図書　検索

目指せ！合格！ 家庭学習ガイド
東京都市大学付属小学校

ペーパー　行動観察　保護者面接

入試情報

募集人数：男女80名（内部進学者約10名を含む）
応募者数：男子316名　女子198名
出題形態：ペーパー、ノンペーパー
面　　接：保護者面接
出題領域：ペーパー（お話の記憶、図形、推理、数量、言語、常識）、行動観察

入試対策

当校の入学試験は、例年11月3日・4日に実施され、希望の試験日を指定できる日程でしたが、2022年度入試は、試験日が追加され11月2日～4日という日程になりました（試験日の指定可）。
試験は、ペーパーテスト、行動観察、保護者面接という形で行われます。ここ数年、ペーパーテストの出題傾向に大きな変化はありません。分野が幅広い分、取り組みにくいと考えがちですが、大きな変化がないので対策はとりやすいと言えるでしょう。まずは、バランスよく基礎的な力を養い、それに加えて、ひねりのある問題にも対応できる応用力を身に付けるようにしてください。
行動観察は、コロナ禍での試験ということで、集団行動ではなく接触しない形で行われました。行動観察という大きなテーマの中で、制作、口頭試問、運動、ゲームが実施されています。それぞれ基本的な課題が中心なので、当校の試験に備えてしっかりと対策をとらなければならないという試験ではありませんが、保護者の方はどんな課題が行われ、何を観ているのかを理解しておくようにしましょう。

●ペーパーテストは、お話の記憶、図形、推理、数量、言語、常識などから出題され、時間は20～25分程度です。基礎的な力がしっかりと付いていれば充分に対応できる問題が大半です。

●同じ問題の中で難しさが増していったり、最後の問題が難しかったりと、少しひねった出題方法もあるので、きちんと対応できる応用力も身に付けておきましょう。

●ペーパー重視と考えられがちですが、行動観察にも重点が置かれています。ペーパーテストで高得点だったにも関わらず、行動観察の振る舞い（評価）によって不合格になることもあるので、基本的な課題ではありますが、気を抜かないようにしましょう。

●当校では、指示行動の際に周りを見てもよいとのことです。周囲を見てその動きにあわせて行動できる適応力も評価の対象になるそうです。

「東京都市大学付属小学校」について

〈合格のためのアドバイス〉

近年、系列中学校のレベルが上がってきたことや外部への進学実績が好調なことから、小学校の人気も高くなってきています。

ペーパーテストの特徴は、出題分野の幅が広いことと1問目が基礎、2問目が応用、3問目が発展問題というように、解き進めるごとに難しくなっていく出題方法があることです。まずは、基礎的な問題を解く力をしっかりと身に付けてから、応用問題に取り組むようにしてください。

当校を受験される方には、体験を通した学習をおすすめします。当校では、からだ全体で学ぶ体験学習を重視しています。その目的は、ただ知識を得るだけでなく、時間をかけて観察したり、失敗を通して「なぜだろう」「どうしてだろう」と、自ら考えて学び、協力し合いながら達成感・充実感を得ることにあります。この考え方は、入学試験でも一貫しています。家庭学習においても体験や失敗、自分で考える時間などを取り入れるようにしていきましょう。

行動観察は、制作、口頭試問、運動、ゲームがひとまとめになって行われました。特別な対策を必要とする課題はありません。基本的なことができていれば充分に対応できるものばかりです。

保護者面接は、お子さまの試験中に実施されます。内容は、志望理由に始まり、参加した公開行事の感想、子育てに関する質問などでした。保護者としてのしっかりとした方針を持って子育てをしていれば特に問題ありません。ご自身の子育てに自信を持って面接に臨みましょう。

〈2021年度選考〉

- ◆ペーパー
- ◆行動観察
- ◆保護者面接（考査日に実施）

◇過去の応募状況

2021年度	男子316名	女子198名
2020年度	男子290名	女子181名
2019年度	男子231名	女子159名

入試のチェックポイント

◇受験番号は…「願書受付順」

◇生まれ月の考慮…「あり（若干）」

〈本書掲載分以外の過去問題〉

- ◆図形：見本を回転させた形を見つけて○をつける。[2017年度]
- ◆数量：食べものを分けて余った数に○をつける。[2017年度]
- ◆常識：指示された身体の部位に印をつける。[2017年度]
- ◆言語：反対の言葉（深い、少ない、長いなど）を選ぶ。[2017年度]

㊢ 先輩ママたちの声！

◆実際に受験をされた方からのアドバイスです。
ぜひ参考にしてください。

東京都市大学付属小学校

・試験当日に保護者面接があるので、親子ともに緊張していましたが、先生方がやさしく接してくれたので、緊張がほぐれました。

・ペーパーテストが重要視されているように感じるので、過去問を利用してしっかり対策をとっておくことをおすすめします。

・年々入学するのが難しくなっているようです。ペーパーテストでは基礎をしっかりおさえていないと合格は難しいと思いました。

・制作の途中でテスターの方から話しかけられた際、言葉に詰まってしまったようです。作業をしている時でも、受け答えができるように、日頃から社会性を意識した生活を送ることをおすすめします。

・さまざまな分野から出題されるペーパーテストに加え、運動、制作、面接も課されることから、子どもの総合的な力を評価しているのだと思いました。受験されるのであれば、きちんと対策をとっておいた方がよいと思います。

・面接で「学校に来られましたか」と聞かれ、「コロナの影響で行けませんでした」と答えると、「昨年は来られましたか」と聞かれました。こうした状況の中ですが、機会を見つけて学校見学などには行っておいた方がよさそうです。

・出題傾向がはっきりしているので、対策はしやすいと思います。短い解答時間の中で、できる問題を確実にやりきる練習を重ねるとおくとよいでしょう。

東京都市大学付属小学校

過去問題集

〈はじめに〉

現在、少子化が叫ばれているにもかかわらず、私立・国立小学校の入学試験には一定の応募者があります。入試は、ただやみくもに学習するだけでは成果を得ることはできません。志望校の過去における出題傾向を研究・把握した上で、練習を進めていくこと、その上で試験までに志願者の不得意分野を克服していくことが必須条件です。そこで、本問題集は小学校を受験される方々に、志望校の出題傾向をより詳しく知って頂くために、過去に遡り出題頻度の高い問題を結集いたしました。最新のデータを含む精選された過去問題集で実力をお付けください。

また、志望校の選択には弊社発行の「2022年度版　首都圏・東日本　国立・私立小学校　進学のてびき」をぜひ参考になさってください。

〈本書ご使用方法〉

◆出題者は出題前に一度問題を通読し、出題内容などを把握した上で、〈準備〉の欄に表記してあるものを用意してから始めてください。
◆お子さまに絵の頁を渡し、出題者が問題文を読む形式で出題してください。問題を読んだ後で、絵の頁を渡す問題もありますのでご注意ください。
◆「分野」は、問題の分野を表しています。弊社の問題集の分野に対応していますので、復習の際の目安にお役立てください。
◆一部の描画や工作、常識等の問題については、解答が省略されているものがあります。お子さまの答えが成り立つか、出題者が各自でご判断ください。
◆〈時間〉につきましては、目安とお考えください。
◆解答右端の［○年度］は、問題の出題年度です。［2021年度］は、「2020年の秋から冬にかけて行われた2021年度入学志望者向けの考査で出題された問題」という意味です。
◆学習のポイントは、指導の際にご参考にしてください。
◆【おすすめ問題集】は各問題の基礎力養成や実力アップにご使用ください。

〈本書ご使用にあたっての注意点〉

◆文中に **この問題の絵は縦に使用してください。** と記載してある問題の絵は縦にしてお使いください。
◆〈準備〉の欄で、クレヨンと表記してある場合は12色程度のものを、画用紙と表記してある場合は白い画用紙をご用意ください。
◆文中に **この問題の絵はありません。** と記載してある問題には絵の頁がありませんので、ご注意ください。なお、問題の絵の右上にある番号が連番でなくても、中央下の頁番号が連番の場合は落丁ではありません。

下記一覧表の●が付いている問題は絵がありません。

問題1	問題2	問題3	問題4	問題5	問題6	問題7	問題8	問題9	問題10
									●
問題11	問題12	問題13	問題14	問題15	問題16	問題17	問題18	問題19	問題20
●									
問題21	問題22	問題23	問題24	問題25	問題26	問題27	問題28	問題29	問題30
●									●
問題31	問題32	問題33	問題34	問題35	問題36	問題37	問題38	問題39	問題40
●									

◎学習効果を上げるため、前掲の「家庭学習ガイド」及び「合格のためのアドバイス」をお読みになり、各校が実施する入試の出題傾向を、よく把握した上で問題に取り組んでください。
※冒頭の「本書ご使用方法」「本書ご使用にあたっての注意点」も併せてご覧ください。

〈東京都市大学付属小学校〉

※筆記用具は鉛筆を使用し、訂正は間違った解答に「×（バツ）」か「＝（二重線）」をつけ、正解を書き直します。

2021年度の最新問題

問題１　分野：お話の記憶

〈準備〉　鉛筆

〈問題〉　お話をよく聞いて、後の質問に答えてください。

夏休み最初の日曜日、サキさんとお父さんとお母さんと、お友だちのユウトくんとお父さんとお母さんの６人で海水浴に出かけます。家の近くの駅で待ち合わせて、みんなでいっしょに電車に乗って海に向かいます。電車の中でサキさんユウトくんが海で何をして遊ぼうかと話しているうちに、海の近くの駅に到着しました。
海の家で着替えをして砂浜に向かおうとすると、海の家のお兄さんが「岩場にカニがたくさんいるから見に行くといいよ」と言ったので、サキさんとユウトくんは岩場に行くことにしました。海の家のお兄さんの言った通り、岩場にはたくさんのカニがいました。捕まえようとするとカニは岩の陰に隠れてしまいます。サキさんが岩の間に手を伸ばして捕まえようとすると、サキさんはカニに中指を挟まれてしまいました。ユウトくんが「大丈夫？」と声をかけると、「ちょっと挟まれただけだから大丈夫」とサキさんは答えました。「戻って手当してもらおう」とユウトくんが言ったので、２人は海の家に行くことにしました。海の家で包帯を巻いてもらっていると、サキさんはお腹が空いてきました。家族のところに戻ると包帯を見てみんな心配しましたが、サキさんが「そんなことよりお腹が空いた」と言ったので、みんな大笑いです。サキさんのお母さんが作ってくれたおにぎりとユウトくんのお母さんが作ってくれたサンドイッチをみんなで食べることにしました。それぞれがおにぎりを１つとサンドイッチを２つを食べました。
お弁当を食べ終わる頃、空には雲が広がってきました。朝からずっと晴れていましたが、今にも雨が降り出しそうになってきたので、お家に帰ることにしました。お家に着いた時、大きな雷が鳴って雨が降り始めました。

（問題１の絵を渡す）
①サキさんたちは何に乗って海に行ったでしょうか。選んで○をつけてください。
②サキさんはどの指に包帯を巻いてもらったでしょうか。その指に○をつけてください。
③みんなで何個おにぎりを食べたでしょうか。その数の分だけ○を書いてください。
④海からお家に帰る時の天気はどれでしょうか。選んで○をつけてください。

〈時間〉　各15秒

問題2　分野：図形（展開）

〈準備〉　鉛筆

〈問題〉　左の絵のように４つに折った折り紙を開いた時、穴はいくつ空いているでしょうか。右の四角の中にその数の分だけ○を書いてください。

〈時間〉　１分

問題3　分野：推理（系列）

〈準備〉　鉛筆

〈問題〉　あるお約束にしたがって動物が並んでいます。印のついているところに入る動物を下の四角の中から選んで、その印をつけてください。

〈時間〉　１分

問題4　分野：数量（数のやりとり）

〈準備〉　鉛筆

〈問題〉　左の２つの四角の中にあるくだものを同じに数にするためには、１番左の四角の中からくだものをいくつ動かせばよいでしょうか。右の四角の中にその数の分だけ○を書いてください。

〈時間〉　１分

問題5　分野：言語（いろいろな言葉）

〈準備〉　鉛筆

〈問題〉　①「やったー！」という言葉に合う顔はどれでしょうか。選んで○をつけてください。
②「がっくり」という言葉に合う顔はどれでしょうか。選んで○をつけてください。
③「プンプン」という言葉に合う顔はどれでしょうか。選んで○をつけてください。

〈時間〉　各15秒

問題6　分野：常識（理科）

〈準備〉　鉛筆

〈問題〉　①卵で生まれる生きものはどれでしょうか。選んで○をつけてください。
②土の中で育つ野菜はどれでしょうか。選んで○をつけてください。
③チーズは何からできるでしょうか。選んで○をつけてください。

〈時間〉　各20秒

問題7　分野：推理（置き換え）

〈準備〉　鉛筆

〈問題〉　上の段のお手本のように、長靴には×を、スニーカーには○を、上履きには△を下の段のそれぞれの絵の右の四角の中に書いてください。

〈時間〉　1分30秒

問題8　分野：常識（日常生活）

〈準備〉　鉛筆

〈問題〉　①マスクを正しくつけているのはどれでしょうか。選んで○をつけてください。
②鉛筆を正しく持っているのはどれでしょうか。選んで○をつけてください。
③お箸を正しく持っているのはどれでしょうか。選んで○をつけてください。

〈時間〉　各20秒

問題9　分野：図形（線図形・模写）

〈準備〉　鉛筆

〈問題〉　上の四角に書かれている線を、同じように下の四角に書き写してください。

〈時間〉　1分30秒

問題10　分野：行動観察

〈準備〉　新聞紙、セロハンテープ、折り紙

〈問題〉　**この問題の絵はありません。**

①制作
・新聞を細く折ってセロハンテープで留めて輪っかを作る。できたら、折り紙をちぎって自由に貼って飾り付けをする。

②口頭試問
・制作の途中に1人ずつ声をかけられ、「今日は誰とどうやって来ましたか？」と質問される。

③指示行動
・先生と同じように動く。手でグーチョキパー、足でグーパー、片足立ちなど。

④①で作った輪っかを使ったゲーム
・太鼓が1回鳴ったら輪っかの中に座る。2回鳴ったらスキップをする。3回鳴ったらケンケンをするなど。

※輪っかをハンドルに見立てて走るリレー形式のゲームもあったようです。

〈時間〉　適宜

問題11　分野：保護者面接

〈準 備〉　なし

〈問 題〉　**この問題の絵はありません。**

・志望理由をお聞かせください。
・学校見学に来られましたか。
・（来たことがある場合）その時の印象をお聞かせください。
・通学方法を教えてください。
・お子さまを急に学校に迎えに行くことになった場合、どこから来ますか。
・お子さまに将来こうなってほしいという希望はありますか。
・ご家庭の教育方針を教えてください。
・お子さまを叱る時はどんな時ですか。また、どんな風に叱りますか。
・家族での休日の過ごし方を教えてください。
・お子さまは幼稚園（保育園）でどんなお子さんだと言われますか。
・幼稚園（保育園）で女の子（異性のお友だち）と遊びますか。

〈時 間〉　10分程度

問題 1

①

②

③

④

問題2

①

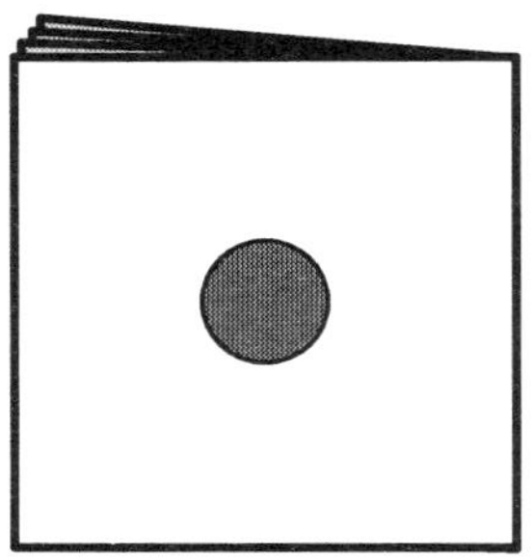

②

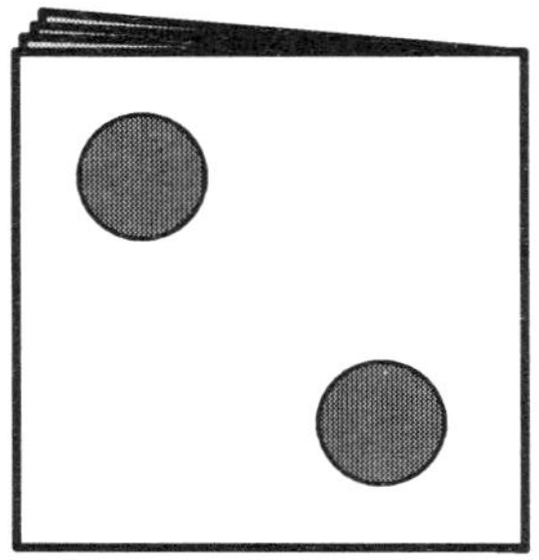

③

問題3

①

②

問題 4

①

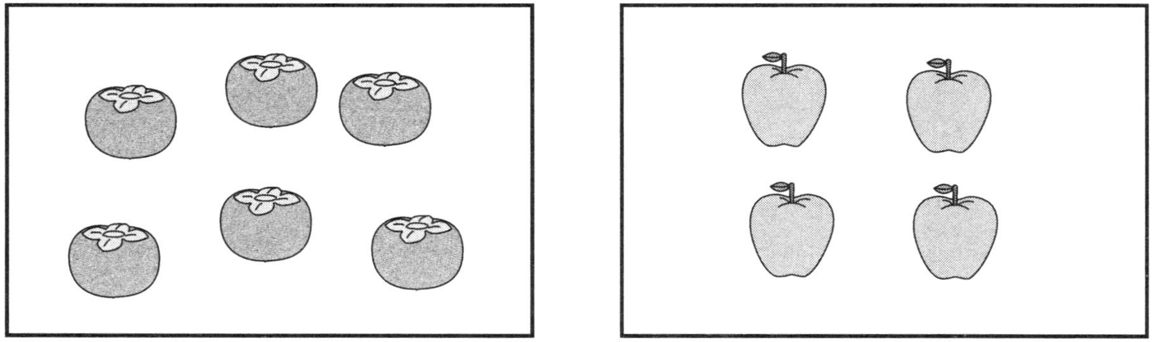

②

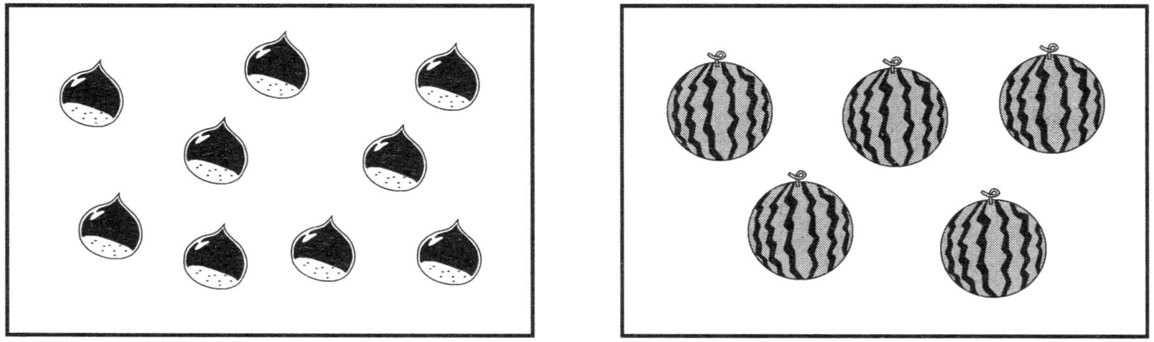

③

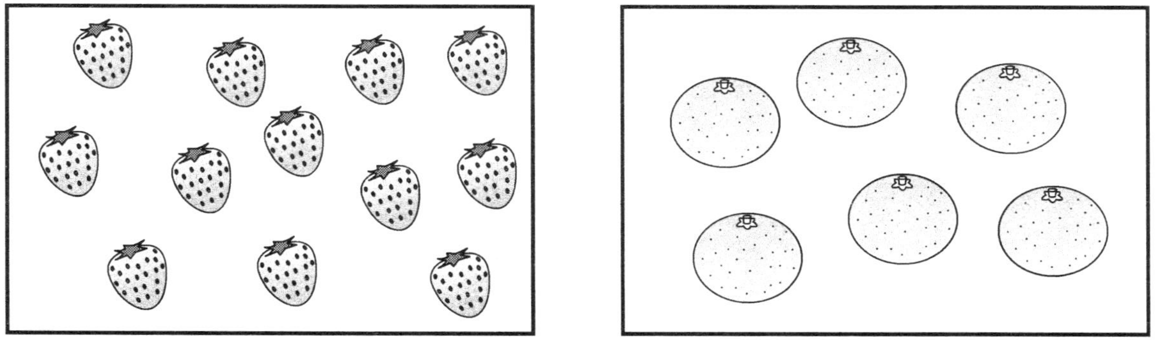

2022 年度 東京都市大付 過去 無断複製／転載を禁ずる 日本学習図書株式会社

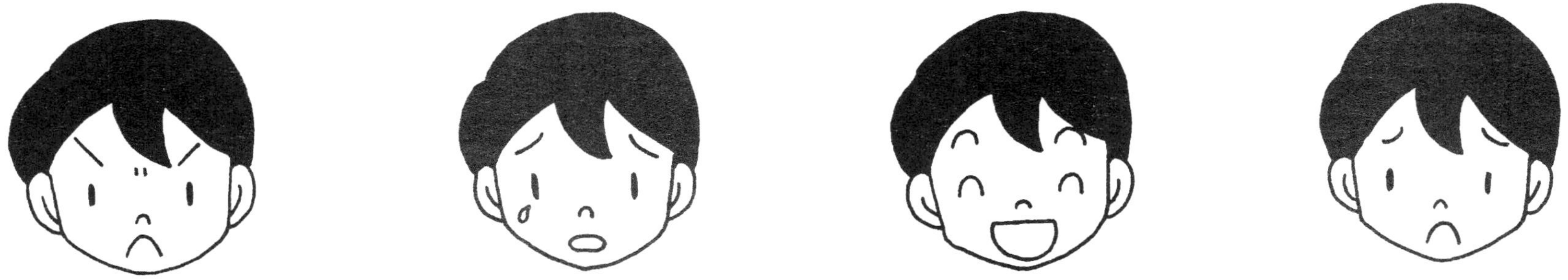

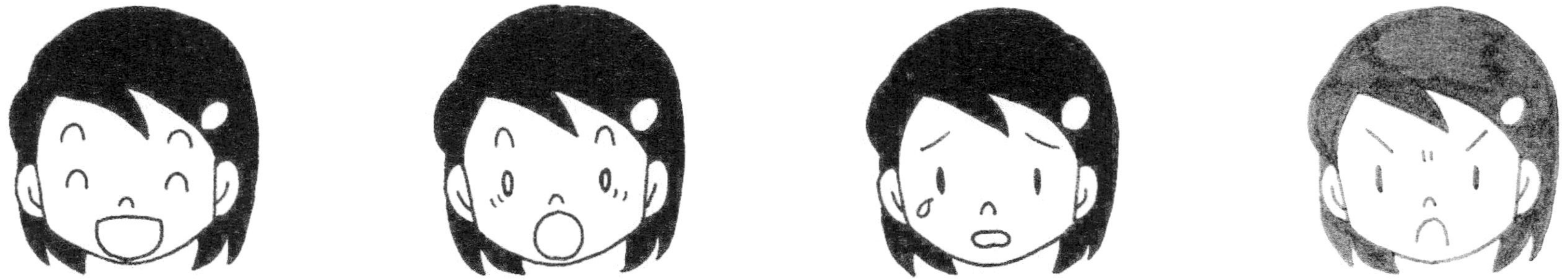

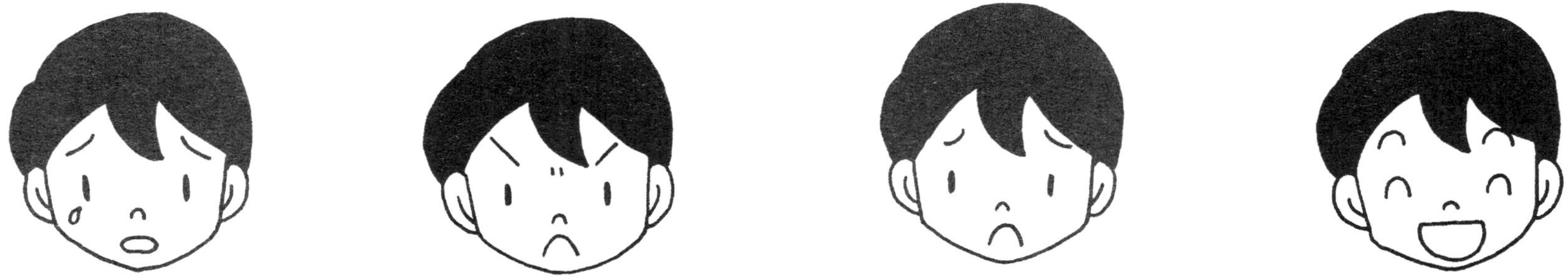

問題6

①

②

③

問題 7

日本学習図書株式会社

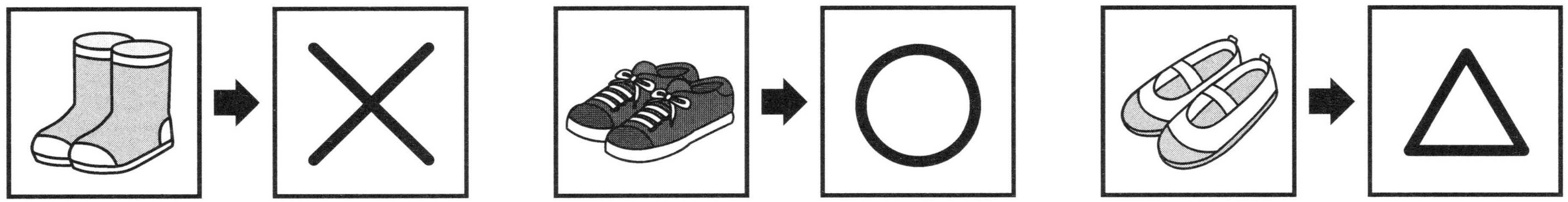

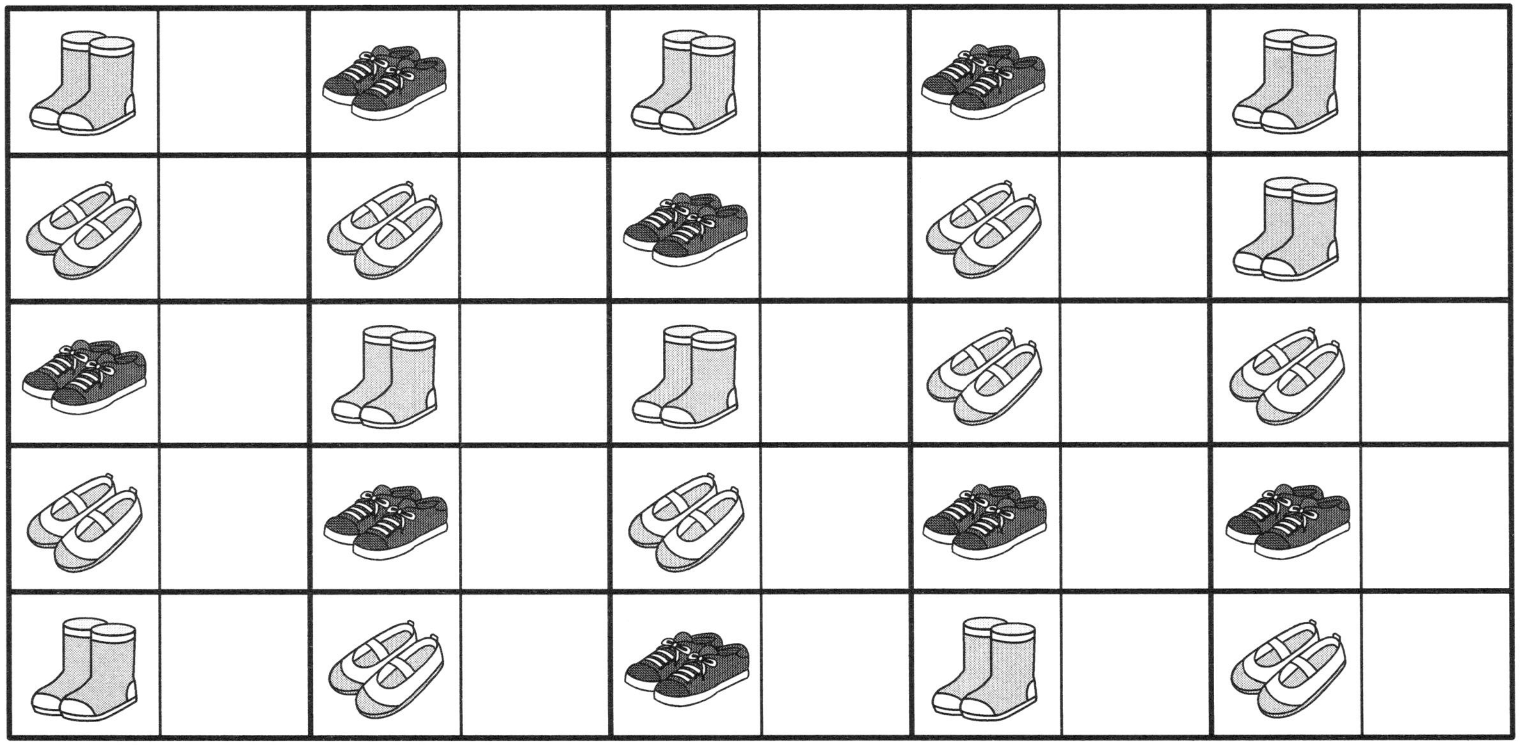

問題8

①

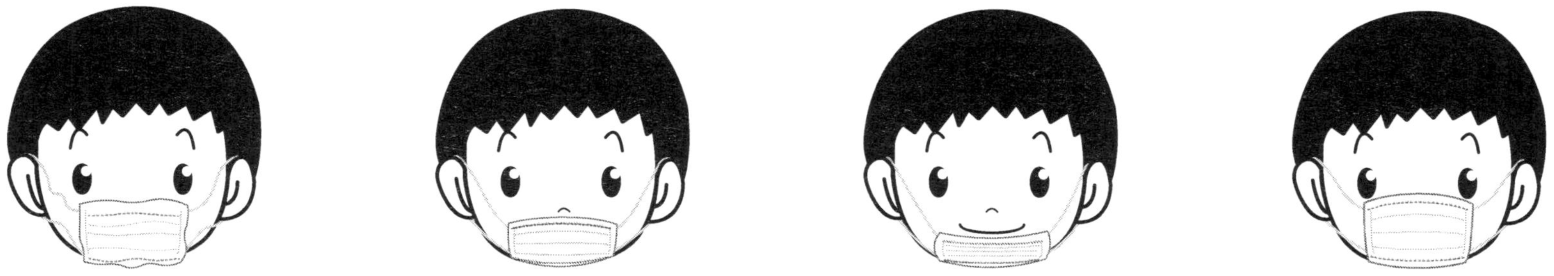

②

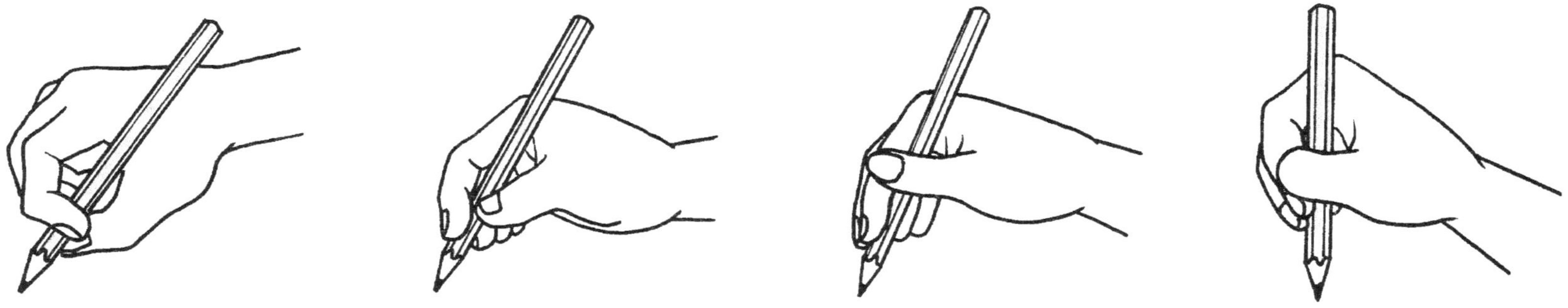

③

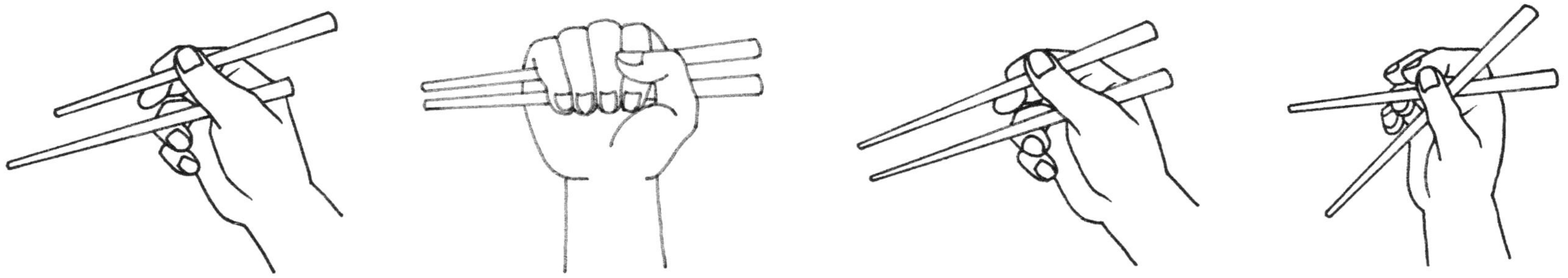

問題9

①

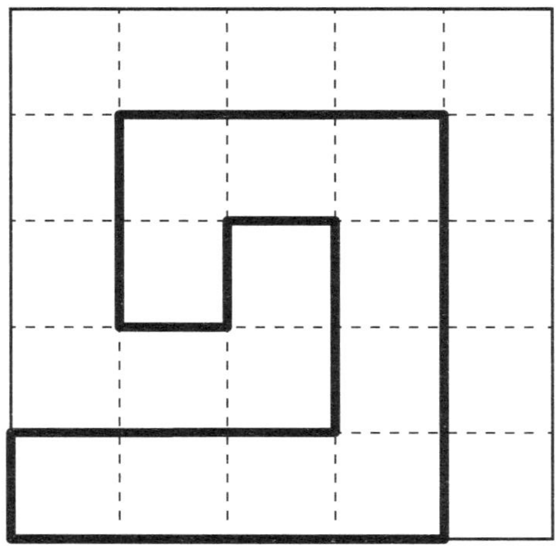

②

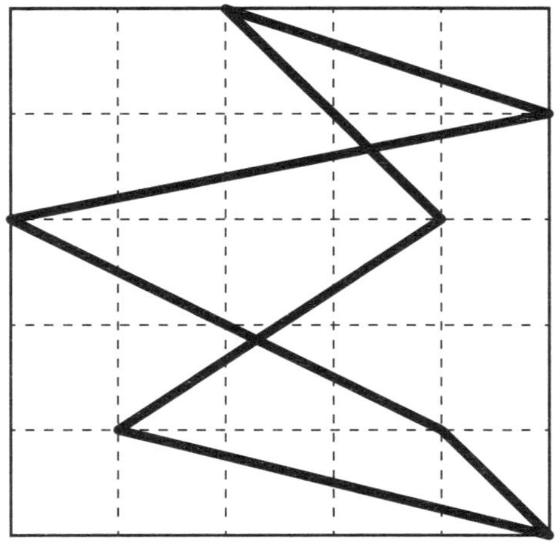

③

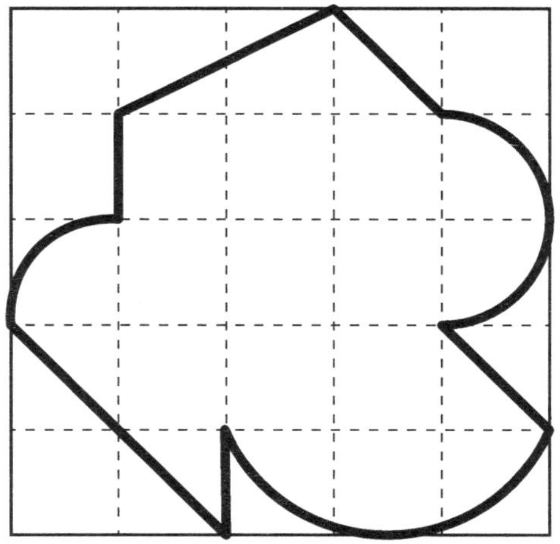

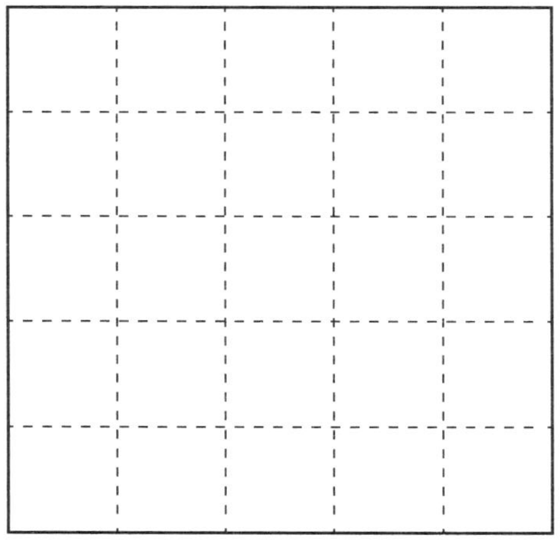

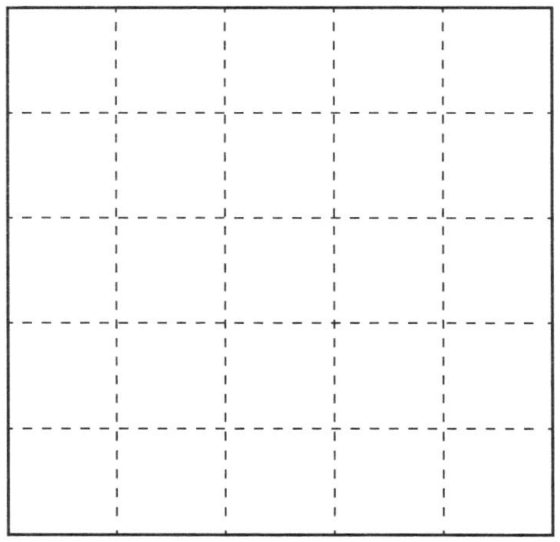

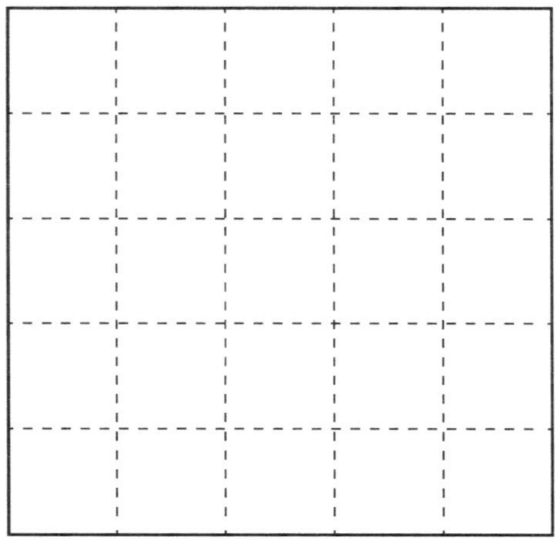

2021年度入試
解答例・学習アドバイス

解答例では、制作・巧緻性・行動観察・運動といった分野の問題の答えは省略されています。こうした問題では、各問のアドバイスを参照し、保護者の方がお子さまの答えを判断してください。

問題１　分野：お話の記憶

〈解 答〉　①左下（電車）　②中指に○　③○：６　④左下（曇り）

当校のお話の記憶は、例年標準的なレベルの問題が出題されています。ただし、答える内容がお話には直接出てこなかったり、少し考えなければいけない問題も見受けられるので、読み聞かせ＋αの対策が必要になります。はじめから細かな質問をする必要はありませんが、「どんなお話だった？」と聞くことで、「誰が」「どこで」「何を」「どうした」という、質問に出てくるような内容を思い出そうとします。これがお話の記憶のベースになりますす。これらのことが思い出せれば、お話の記憶で問われる多くの質問に答えることができるので、まずはお話のあらすじ（要約）を言えるようにしていきましょう。

【おすすめ問題集】
1話5分の読み聞かせお話集①・②、お話の記憶問題集 初級編・中級編、
Ｊｒ・ウォッチャー19「お話の記憶」

問題２　分野：図形（展開）

〈解 答〉　①○：４　②○：８　③○：３

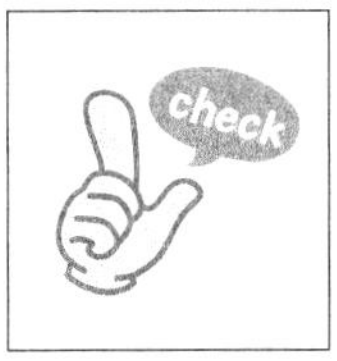

当校でよく見られる、基礎～発展へと徐々に難しくなっていくパターンの出題です。③はペーパー上で考えてもイメージしにくいので、実際に折り紙を折って、穴を開けて、開くという作業が必要になります。もちろん、理屈として考えても答えは出るのですが、小学校受験においてそうした解き方はあまり意味がありません。ここでは、図形問題を通して、折り紙を折ったり、切ったり、開いたりした「経験」を観ているのです。こうした経験は学習の基礎になります。小学校受験のためだけでなく、小学校入学後にも活きる力になってくるので、ペーパー学習だけでなく、「もの」を使った基礎学習も大切にしてください。

【おすすめ問題集】
Ｊｒ・ウォッチャー５「回転・展開」

問題3　分野：推理（系列）

〈解 答〉　下図参照

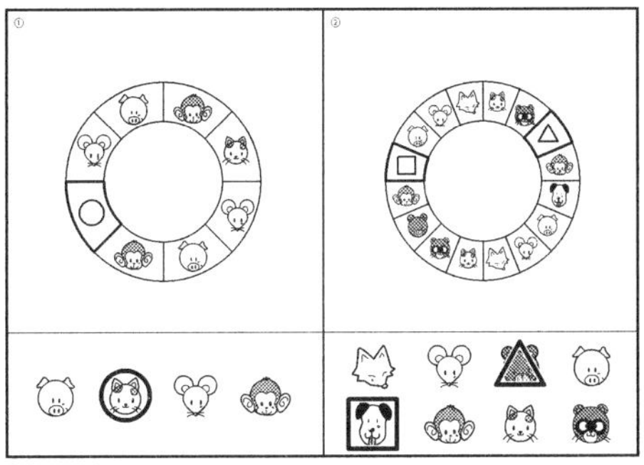

本問が直線の系列問題だったとしたら、難度はぐっと下がるでしょう。保護者の方は、直線も円もそれほど変わらないと考えるかもしれませんが、見た目が変わるだけでお子さまには違う問題に感じてしまうこともあるのです。特に系列は、指をずらしながら答えを探すという受験テクニック的な解き方もあります。そうした解き方しか知らなければ、出題の変化にはついていけません。何を問われているのかをしっかりと理解した上で問題に取り組んでいきましょう。系列の基本は規則性を見つけることです。もちろん、正解か不正解かは大切なことですが、学習を進めていく上では解き方や考え方も重要なポイントになります。

【おすすめ問題集】

Ｊｒ・ウォッチャー６「系列」

問題4　分野：数量（数のやりとり）

〈解 答〉　①○：１　②○：２　③○：３

くだものを動かすことで、数がどう変化するのかを理解できているかを観ている問題です。左から右へ１つ動かすということは、左が１つ減り、右が１つ増えるということです。こうした理屈をつかめるかどうかがポイントになります。数量の問題は、ペーパーよりもおはじきなどを使った方が理解しやすくなります。頭の中で考えるのではなく、実際におはじきを動かして考えてみましょう。本問は、数のやりとりの中ではわかりやすい問題と言えます。「アメを５つずつ持っていて、ＡさんがＢさんにアメを１つあげるとそれぞれアメをいくつ持っていますか」といった、同数から動かす問題の方がお子さまには難しいでしょう。余裕があればチャレンジしてみてください。

【おすすめ問題集】

Ｊｒ・ウォッチャー43「数のやりとり」

問題5　分野：言語（いろいろな言葉）

〈解 答〉　①右から２番目　②右から２番目　③左から２番目

感情を表す言語の問題ですが、学校はそういった表現を知識として知ってほしいと考えているのではなく、生活の中でこうした表情をしたことがあったり、見たことがあったりといった経験の有無を観ていると言えるでしょう。今はコロナ禍でお友だちの表情が見えにくかったりするので、実際に体験することが難しくなっています。その分、家庭の中で伝えていく必要があるのかもしれません。小学校受験の言語の問題では、本問のような感情や動作などを表す言葉が出題されるようになってきています。今後も、単にものの名前を問うのではなく、より生活に密着した問題が多くなっていくと考えられます。

【おすすめ問題集】

Ｊｒ・ウォッチャー18「いろいろな言葉」

問題6　分野：常識（理科）

〈解 答〉　①右から２番目（カエル）　②左から２番目（ダイコン）　③右端（牛乳）

小学校受験の王道とも言える理科常識の問題です。理科常識と言われる問題ではありますが、生活常識の範疇でとらえていた方がよいでしょう。学習として知識を得るのではなく、生活の中で知識を身に付けられるようにしてあげてください。②③などは、お買い物や料理などの時に知識を伝えてあげれば、ペーパー学習では得ることのできない、より深い学びになります。そうした生活の中で得た知識を土台にして、ペーパー学習で知識の整理をしていくことで、試験にも対応できる力が育っていきます。小学校受験すべてに共通することですが、まずは体験や生活での学びを基本に考えていきましょう。

【おすすめ問題集】

Ｊｒ・ウォッチャー27「理科」、55「理科②」

家庭学習のコツ①　「先輩ママのアドバイス」を読みましょう！

本書冒頭の「先輩ママのアドバイス」には、実際に試験を経験された方の貴重なお話が掲載されています。対策学習への取り組み方だけでなく、試験場の雰囲気や会場での過ごし方、お子さまの健康管理、家庭学習の方法など、さまざまなことがらについてのアドバイスもあります。先輩ママの体験談、アドバイスに学び、ステップアップを図りましょう！

問題7　分野：推理（置き換え）

〈解答〉　下図参照

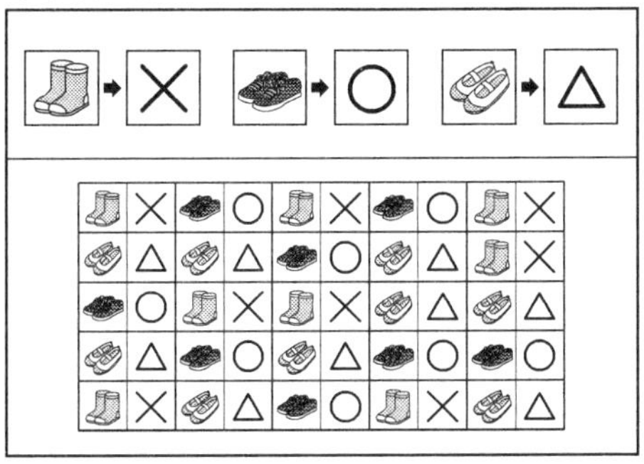

ここでは置き換えの問題としていますが、観られているのは単純な処理能力と言えるかもしれません。例年、形は変わりますが、同様の出題が見られます。スピードを考えれば、同じ印をまとめて書いてしまった方が早いと思いますが、置き換えの問題として考えれば１つひとつ対応していくことが求められるでしょう。どちらを選ぶのかは、時間との兼ね合いになってきます。１番よくないパターンは、印ごとにまとめて書いているのに最後までできないことです。そうすると、ところどころ空欄になってしまいます。スピードを求めたにも関わらず時間切れになってしまったのでは……と思われて、あまり印象がよくないかもしれません。

【おすすめ問題集】
　Ｊｒ・ウォッチャー57「置き換え」

問題8　分野：常識（日常生活）

〈解答〉　①右端　②左から２番目　③右から２番目

マスクの付け方などは、最近の事情が反映されていますが、小学校受験でよく見られる生活常識の問題です。こうした問題は、お子さまを観ているのではなく、問題を通して保護者の方を観ています。もし、本問ができなかったとしたら、それはお子さまのせいではなく保護者の方の責任です。いわゆる躾ができていないと判断されてしまうのです。常識問題はすべてそうだとも言えますが、日常生活の積み重ねが解答に表れてしまいます。もし、本問ができていたとしても、試験の時に鉛筆の持ち方が正しくなかったり、マスクをきちんとつけていなかったりしたら、入試のための付け焼き刃の知識と判断されてしまいます。そこまで個別に観ているかどうかはわかりませんが、実際に正しくできてこその知識だということを覚えておきましょう。

【おすすめ問題集】
　Ｊｒ・ウォッチャー12「日常生活」

問題9　分野：図形（線図形・模写）

〈解　答〉　省略

当校の入試で例年出題されている線図形・模写の問題です。①縦横線、②斜め線、③曲線と問題が進むにしたがって難しくなっていくという当校らしい特徴のある問題です。本問には、図形問題としての理解と巧緻性という２つの観点があります。つまり、頭の中で形や座標をしっかり把握できていても、きちんと線が引けなければ正解とは認められません。また、模写がうまくできないお子さまは、形を意識しすぎる傾向があります。形だけを見て書き写してしまうので、座標がずれてしまうのです。線がどこから始まってどこで終わるのかを意識させるくせをつけましょう。

【おすすめ問題集】

Ｊｒ・ウォッチャー１「点・線図形」、２「座標」、51「運筆①」、52「運筆②」

問題10　分野：行動観察

〈解　答〉　省略

コロナ禍での試験ということで、お子さま同士が接触しない形で行動観察が行われました。課題としては指示行動が中心になります。集団行動とは違い相互のコミュニケーションではありませんが、「指示を聞く」「指示通りに行動する」というのも１つのコミュニケーション能力と言えるのかもしれません。現在の状況を考えると2022年度入試でも、接触を避ける形での課題になると考えられます。特別な対策が必要な課題ではありませんが、ふだんの生活を通して、「聞く」「理解する」「行動する」といった指示行動の基本を学ばせていくようにしましょう。そうした基本は、行動観察だけでなくペーパーテストでも同様です。

【おすすめ問題集】

実践 ゆびさきトレーニング①・②・③、新 運動テスト問題集、
Ｊｒ・ウォッチャー29「行動観察」

家庭学習のコツ②　「家庭学習ガイド」はママの味方！

問題演習を始める前に、試験の概要をまとめた「家庭学習ガイド（本書カラーページに掲載）」を読みましょう。「家庭学習ガイド」には、応募者数や試験課目の詳細のほか、学習を進める上で重要な情報が掲載されています。それらの情報で入試の傾向をつかみ、学習の方針を立ててから、対策学習を始めてください。

問題11　分野：保護者面接

〈解 答〉　省略

面接官は１人で、校長、副校長、教務主任、主幹教諭のいずれかが担当する形で行われました。お子さまとの関係性に関する質問が多いので、親子のコミュニケーションやお子さまのことを理解できているかを重視していると考えられます。また、来校の有無は必ず問われるので、こうした状況下ではありますが、機会を見て学校に足を運んでおいた方がよいでしょう。面接は試験当日に行われます。試験に臨む前に保護者の方が緊張していては、お子さまによい影響はありません。回答に詰まるような質問はないので、あまり神経質にならずに面接に臨むようにしてください。

【おすすめ問題集】

新 小学校受験の入試面接Q＆A、保護者のための面接最強マニュアル

家庭学習のコツ③　効果的な学習方法～問題集を通読する

過去問題集を始めるにあたり、いきなり問題に取り組んではいませんか？　それでは本書を有効活用しているとは言えません。まず、保護者の方が、すべてを一通り読み、当校の傾向、ポイント、問題のアドバイスを頭に入れてください。そうすることにより、保護者の方の指導力がアップします。また、日常生活のさまざまなことから、保護者の方自身が「作問」することができるようになっていきます。

東京都市大学付属小学校　専用注文書

年　　月　　日

合格のための問題集ベスト・セレクション

＊入試頻出分野ベスト３

1st 図形　観察力　思考力

2nd 推理　思考力　観察力

3rd 巧緻性　集中力　観察力

ペーパーテストは、幅広い分野から出題されるので、基礎的な力をしっかりと身に付けておく必要があります。また、総合的な力に加え、ひねりのある問題にも対応できる応用力も必要になります。

分野	書　名	価格(税込)	注文	分野	書　名	価格(税込)	注文
図形	Ｊｒ・ウォッチャー１「点・線図形」	1,650円	冊	数量	Ｊｒ・ウォッチャー39「たし算・ひき算２」	1,650円	冊
図形	Ｊｒ・ウォッチャー２「座標」	1,650円	冊	数量	Ｊｒ・ウォッチャー43「数のやりとり」	1,650円	冊
図形	Ｊｒ・ウォッチャー５「回転・展開」	1,650円	冊	図形	Ｊｒ・ウォッチャー46「回転図形」	1,650円	冊
推理	Ｊｒ・ウォッチャー６「系列」	1,650円	冊	言語	Ｊｒ・ウォッチャー49「しりとり」	1,650円	冊
常識	Ｊｒ・ウォッチャー11「いろいろな仲間」	1,650円	冊	巧緻性	Ｊｒ・ウォッチャー51「運筆①」	1,650円	冊
常識	Ｊｒ・ウォッチャー12「日常生活」	1,650円	冊	巧緻性	Ｊｒ・ウォッチャー52「運筆②」	1,650円	冊
言語	Ｊｒ・ウォッチャー17「言葉の音遊び」	1,650円	冊	図形	Ｊｒ・ウォッチャー54「図形の構成」	1,650円	冊
言語	Ｊｒ・ウォッチャー18「いろいろな言葉」	1,650円	冊	常識	Ｊｒ・ウォッチャー55「理科②」	1,650円	冊
常識	Ｊｒ・ウォッチャー27「理科」	1,650円	冊	推理	Ｊｒ・ウォッチャー57「置き換え」	1,650円	冊
観察	Ｊｒ・ウォッチャー29「行動観察」	1,650円	冊	言語	Ｊｒ・ウォッチャー60「言葉の音（おん）」	1,650円	冊
推理	Ｊｒ・ウォッチャー32「ブラックボックス」	1,650円	冊		１話５分の読み聞かせお話集①・②	1,980円	各　冊
推理	Ｊｒ・ウォッチャー33「シーソー」	1,650円	冊		実践 ゆびさきトレーニング①・②・③	2,750円	各　冊
常識	Ｊｒ・ウォッチャー34「季節」	1,650円	冊		新 運動テスト問題集	2,420円	冊
数量	Ｊｒ・ウォッチャー38「たし算・ひき算１」	1,650円	冊		保護者のための面接最強マニュアル	2,200円	冊

合計	冊	円

（フリガナ） 氏　名	電　話 ＦＡＸ E-mail
住 所 〒　　　－	以前にご注文されたことはございますか。 有　・　無

★お近くの書店、または記載の電話・FAX・ホームページにてご注文をお受けしております。
電話：03-5261-8951　FAX：03-5261-8953　代金は書籍合計金額＋送料がかかります。
※なお、落丁・乱丁以外の理由による商品の返品・交換には応じかねます。

★ご記入頂いた個人に関する情報は、当社にて厳重に管理致します。なお、ご購入の商品発送の他に、当社発行の書籍案内、書籍に関する調査に使用させて頂く場合がございますので、予めご了承ください。

日本学習図書株式会社
http://www.nichigaku.jp

問題12　分野：お話の記憶

〈準備〉　鉛筆

〈問題〉　お話をよく聞いて、後の質問に答えてください。

今日は、さとるくん、妹のさちこさん、お父さん、お母さんの４人で動物園に出かけます。動物園は家から少し遠いのでバスに乗って行くことにしました。
動物園に着くと、さとるくんは「ライオンが見たい」と言い、さちこさんは「キリンが見たい」と言いました。どっちも譲らないので、お母さんにジャンケンで決めないさいと言われ、ジャンケンをするとさちこさんがパーで勝ちました。最初にキリンを見に行くと、さちこさんが思っていた以上にキリンは大きく、こっちに向かって歩いてきたので、少しビックリしてしまいました。その後は、ゾウ、サル、ライオンを見に行って、お弁当の時間になりました。
お父さんとさとるくんはおにぎりを３個、お母さんは２個、さちこさんは１個食べました。お昼ごはんを食べておなかいっぱいになった後は、ヘビを見に行くことになったのですが、お母さんはヘビが苦手なので見に行きませんでした。ヘビはガラスケースの中にいて、大きいものや小さいもの、緑や黄色のきれいな色をしているものもいます。飼育員さんがいたので、さとるくんが「ヘビは何を食べるんですか」と聞くと、「カエルやネズミを食べるんだ」と答えてくれました。
そろそろ帰る時間になりました。さとるくんはトラのキーホルダーを、さちこさんはパンダのぬいぐるみをおみやげに買ってもらいました。みんな疲れてしまったので、タクシーに乗って家に帰りました。

（問題12の絵を渡す）
①さとるくんの家族は、何に乗って動物園に行ったでしょうか。選んで○をつけてください。
②動物園で最初に見た動物に○を、２番目に見た動物に△をつけてください。
③４人はおにぎりを何個食べたでしょうか。その数の分だけ四角の中に○を書いてください。
④ヘビは何を食べるでしょうか。飼育員さんが教えてくれたものに○をつけてください。

〈時間〉　各15秒

〈解答〉　①右から２番目（バス）　②左端に○（キリン）、左から２番目に△（ゾウ）
③○：９　④左端（カエル）、真ん中（ネズミ）

［2020年度出題］

学習のポイント

「○○で行く」「○○を見る」「○個食べる」など、お話を聞くことができていれば正解できる内容です。それだけに、確実に正解しておかなければいけない問題でもあります。充分に練習をしておきましょう。お話の記憶に慣れてくると、出題のパターンがある程度予想できるようになります。はじめの頃はしっかりお話を聞くことに集中していたはずですが、徐々にお話ではなく問題への意識が強くなってきます。「ここは出そう」「ここは覚えておこう」といったことを考えていると、お話を「聞く」ことがおろそかになってしまうのです。問題集での学習に集中しすぎると、こうしたことになりがちなので、基本に返って、純粋に読み聞かせをしてあげることも大切です。お話をしっかり聞くことができれば、たいていの問題には対応できます。「聞く」ということを強く意識して学習に取り組んでください。

【おすすめ問題集】

1話5分の読み聞かせお話集①・②、お話の記憶問題集 初級編・中級編、
Ｊｒ・ウォッチャー19「お話の記憶」

問題13　分野：推理（ブラックボックス）

〈準備〉　鉛筆

〈問題〉　1番上の段を見てください。星の箱を通ると○が2個減り、ハートの箱を通ると○が1個増えるというお約束です。では、お約束の通りに下の段の箱を通ると、○は何個になるでしょうか。その数の分だけ右端の四角の中に○を書いてください。

〈時間〉　1分

〈解答〉　①○：7　②○：6　③○：3

［2020年度出題］

学習のポイント

ブラックボックスは、当校で出題頻度の高い分野なので、しっかりと対策をしておきましょう。本問は数の変化でしたが、ブラックボックスには、形の変化や色の変化もあるので、それぞれに対応できるように準備をしておくと安心です。数の変化は、その中でも比較的取り組みやすい問題で、数量としてもとらえることができます。お約束を、「星は2個ひく」「ハートは1個たす」というように具体的にすれば、問題を理解しやすくなるでしょう。上の段のお約束では、箱は1つでしたが、問題では、箱は複数置いてあります。まずは1つひとつ考えていくようにしましょう。はじめから効率よく解こうとするとミスの原因にもなります。スピードや効率は、確実にできるようになってからの目標です。

【おすすめ問題集】

Ｊｒ・ウォッチャー32「ブラックボックス」

問題14　分野：推理（シーソー）

〈準　備〉　鉛筆

〈問　題〉　**この問題の絵は縦に使用してください。**
上の段を見てください。それぞれ、絵のように重さが釣り合っています。では、真ん中の段のシーソーが釣り合うためには、どのくだものを載せればよいでしょうか。選んで○をつけてください。

〈時　間〉　1分

〈解　答〉　下図参照

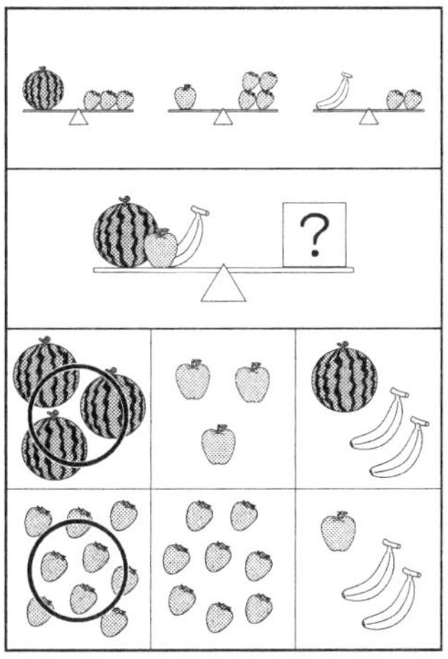

［2020年度出題］

学習のポイント

上の段と真ん中の段のシーソーの左側に載っているくだものが同じことに気付けば、イチゴ9個という正解を見つけることができます。ですが、ここで終わってしまっては、充分な正解にはなりません。もう1つの正解を見つけられるかが、本問のポイントと言えるでしょう。1つひとつ選択肢を確認していけば、正解を見つけることはできますが、時間がかかってしまうので、少しでもシンプルに考えられるように、同じくだものを除いて比較しましょう。例えば、右上の選択肢の「スイカ・バナナ・バナナ」と、真ん中のシーソーの左側の「スイカ・リンゴ・バナナ」は、スイカとバナナが同じなので、両方除いてしまえば、リンゴとバナナのシーソーになり、不正解ということがわかります。このようにして考えていけば、比較するものが少なくなるので、正解を見つけやすくなります。

【おすすめ問題集】
Ｊｒ・ウォッチャー33「シーソー」

問題15　分野：巧緻性（運筆）

〈準 備〉　鉛筆

〈問 題〉　上のお手本と同じ順番で四角の中に線を書いてください。はじめのいくつかには線が書いてあります。点線で書いてあるところから始めてください。

〈時 間〉　１分

〈解 答〉　省略

［2020年度出題］

学習のポイント

ぱっと見た感じでは、系列か図形の問題かと思ってしまいそうですが、運筆の問題です。当校では、運筆（模写）の問題が例年出題されているので、一見単純に見えるこの課題に、よく観られるポイントがあるということを理解しておいてください。とは言っても、このような単純な運筆を繰り返し行うというのはあまり見たことがありません。模写ではあるのですが、単純作業を繰り返すことができるという処理能力を試しているようにも感じられます。保護者の方も実際にやってみるとわかると思いますが、意外と難しいものです。「ていねいに」「順番通りに」「速く」のすべてを意識して作業しなければいけません。マス目をすべて埋めることを優先してしまいがちですが、あくまでも運筆の課題ですので、きれいにできていなければ意味がありません。そうしたことをお子さまに理解させながら、練習するようにしてください。

【おすすめ問題集】

Ｊｒ・ウォッチャー１「点・線図形」、６「系列」、51「運筆①」、「運筆②」

問題16　分野：図形（線図形・模写）

〈準 備〉　鉛筆

〈問 題〉　上の四角に書かれた線を、下の四角に同じように書き写してください。

〈時 間〉　１分30秒

〈解 答〉　省略

［2020年度出題］

学習のポイント

例年出題されている、点・線図形の問題です。数年前までは、小学校受験としては超難問レベルの難しさでしたが、最近は常識的なレベルになってきました。点・線図形は、線がきれいに引けるかを観る「運筆」と、位置と形が把握できているかを観る「座標」の要素から成り立っています。学校によっては、座標の把握に重きを置いているところもありますが、当校では出題の傾向から考えると、運筆の要素がより強く感じられます。①を除けば形がマス目の外枠線いっぱいまで描かれているので、座標を間違えることは少ないでしょうし、曲線と斜め線が入った形がいつも出題されていることからも、運筆の技術を観ていることがわかります。運筆の基本は、鉛筆を正しく持つことです。それができていなければ、きれいな線を引くことは難しいので、まずは鉛筆の持ち方から見直してみましょう。

【おすすめ問題集】
Ｊｒ・ウォッチャー１「点・線図形」、２「座標」、51「運筆①」、「運筆②」

問題17　分野：図形（回転図形、図形の構成）

〈準備〉　鉛筆

〈問題〉　左の四角の中にある形を、●が上になるように回します。その形をくっつけた時に作ることができる形はどれでしょうか。右の四角の中から選んで○をつけてください。

〈時間〉　各40秒

〈解答〉　①左　②左　③右

［2020年度出題］

学習のポイント

回転図形と図形の構成の複合的な問題です。回転の指示が右や左ではなく、●が上にくるようにという指示なので、少し戸惑いがあるかもしれません。問題自体は、複合的な要素はあるものの、それほど難しいものではありません。形自体も単純なものですし、一般的な小学校受験の図形問題に取り組んでいれば、充分に対応できる問題です。もし、お子さまが難しく感じているようなら、形を切り取って、実際に動かしながら考えさせるようにしてみましょう。本問に限らず、わからない時は基本に戻ることが大切です。図形であれば具体物を使って、手を動かし、目で見ながら考えることです。できないからといって、ペーパーの量を増やしても何の解決にもなりません。わからない時は、わかるところまで戻ることが理解のためには必要なのです。

【おすすめ問題集】
Ｊｒ・ウォッチャー46「回転図形」、54「図形の構成」

問題18　分野：言語（しりとり）

〈準備〉　鉛筆

〈問題〉　矢印の順番でしりとりをする時、四角の中のどの絵を選べばつながっていくでしょうか。それぞれの四角の中から選んで○をつけてください。

〈時間〉　１分30秒

〈解答〉　下図参照

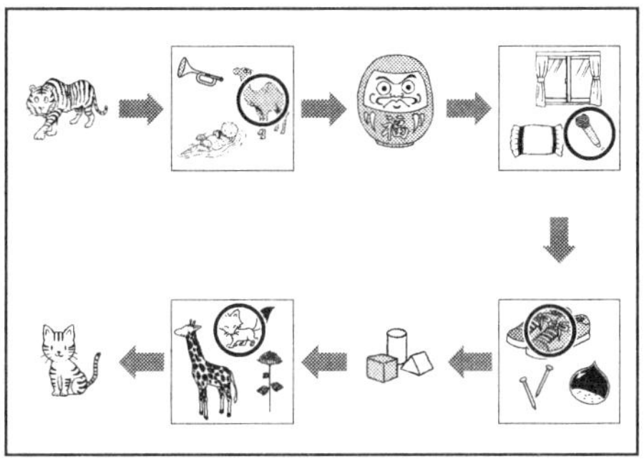

［2020年度出題］

学習のポイント

出題方法、絵の内容ともに難しい問題ではないので、確実に正解しておきたいところです。しりとりは、基本的には語彙力がすべてです。また、言葉を音として認識できていないと、すぐに答えることが難しいので、言葉は音の組み合わせでできているということも教えておく必要があります。語彙力を鍛えるのに、単純に言葉だけを暗記するような学習をする必要はありません。日常の会話や読み聞かせなどで、保護者の方が、お子さまが聞いたことのない言葉を意識して使うことで、小学校受験に必要な語彙力は充分に養うことができます。言葉はコミュニケーションのための道具です。学習のためではなく、できるだけ生活の中で身に付けていくようにしましょう。

【おすすめ問題集】
Ｊｒ・ウォッチャー17「言葉の音遊び」、18「いろいろな言葉」、
49「しりとり」、60「言葉の音（おん）」

問題19　分野：常識（日常生活）

〈準備〉　鉛筆

〈問題〉　左の四角の中にあるものは、ずっと前から使われているものです。今、その時と同じ使い方をしているものはどれでしょうか。選んで○をつけてください。

〈時間〉　各10秒

〈解答〉　①右（履くもの）　②真ん中（時間を知るもの）
③真ん中（涼しくなるもの）　④真ん中（明るくするもの）

［2020年度出題］

学習のポイント

小学校入試では、ひと昔前の道具が常識問題としてよく出題されます。名前を知っているだけではなく、用途なども関連付けて覚えていくようにしましょう。当校では、常識問題がよく出題されていますが、その内容は幅広く、頻出と呼べるような傾向はありません。ですので、常識問題対策としてではなく、生活の中で、体験をともなった知識として身に付けていくようにしましょう。本問で扱われているろうそくも、もしかしたら見たことがないというお子さまもいるかもしれません。わざわざ買ってくることはありませんが、何かの機会に見ることがあれば、「昔は電球代わりに使っていた」というような知識を伝えてあげてください。そうした小さな積み重ねを繰り返すことによって、知識は身に付いていくのです。

【おすすめ問題集】

Ｊｒ・ウォッチャー11「いろいろな仲間」、12「日常生活」

問題20　分野：制作（絵画）、行動観察（ゲーム）

〈準備〉　画用紙、クーピーペン、のり、水色の丸い台紙、サメの絵が貼られた三角コーン

〈問題〉　**この問題は絵を参考にしてください。**

①制作
・好きな生きものの絵を描く。
・水色の丸い台紙に貼り付ける。

②行動観察（ゲーム）
・①で描いた絵を貼り付けた台紙を間隔をおいて床に置く。サメの絵が貼られた三角コーンも置く。
・描いた絵を踏んだり、サメにぶつからないように反対側まで歩く。
・２人１組になって、１人は目隠しをして歩き、もう１人が誘導する。
・反対側まで行ったら、役割を交代して戻ってくる。

※しっぽを作って、鬼ごっこのようにそれを取り合う課題も行われました。

〈時間〉　適宜

〈解答〉　省略

[2020年度出題]

学習のポイント

①の制作は、この後に行われる行動観察のための道具作りという位置づけです。2019年度入試では制作課題がありませんでしたが、本年度は以前と同様に、制作から行動観察という流れに戻りました。②の行動観察は、ゲームとして楽しみながらできる課題ではありますが、お子さまの性格が出やすいものになっています。誘導する側になった時、どれだけ相手側の気持ちになって考えられるかが見えてきます。目隠しをしている相手にどういった言葉をかけるのか、思い通りに動いてくれなかった時にどういう態度をとるのかなど、さまざまなところが観られます。はじめて会ったお友だちとコミュニケーションをとりながら、２人で協力してゲームに取り組むという姿勢が大切です。勝ち負けにこだわりすぎてしまったり、夢中になりすぎてしまわないようにしましょう。

【おすすめ問題集】

　Ｊｒ・ウォッチャー24「絵画」、29「行動観察」

問題21　分野：保護者面接

〈準備〉　なし

〈問題〉　**この問題の絵はありません。**

・本校への志望理由をお聞かせください。
・公開行事や説明会などで本校にいらしたことはありますか。何回来ましたか。
・印象に残っている行事はありましたか。
・本校のどんなところに魅力を感じていますか。
・ご家庭の教育方針を教えてください。
・休日はお子さまとどのように過ごしていますか。
・お子さまは何かお手伝いをしていますか。
・お子さまのよいところはどんなところですか。
・お子さまを叱る時はどんな時ですか。

〈時間〉　約５分

〈解答〉　省略

［2020年度出題］

学習のポイント

約５分という短い面接時間なので、あまり突っ込んだ質問をされることはありません。ただ、「公開行事や説明会に来たことがあるか」という質問は、「何度来たか」「印象に残った行事は」というように掘り下げて質問されることがあるので、説明会や公開行事には必ず参加しておくようにしましょう。それ以外は、小学校受験の面接ではおなじみの質問がほとんどです。しっかりと自分の言葉で答えられるようにしておきましょう。面接時間が短いということを考慮して、短い言葉で簡潔に伝えられれば、好印象を与えることができるかもしれません。面接はアピールの場ではなく、お互いを理解する場だということを覚えておきましょう。

【おすすめ問題集】

　新 小学校受験の入試面接Ｑ＆Ａ、保護者のための面接最強マニュアル

問題22　分野：お話の記憶

〈準備〉　鉛筆

〈問題〉　お話をよく聞いて、後の質問に答えてください。

今日は、ウサギくん、カバくん、イヌくんの３人で池に遊びに来ました。暖かい日差しの中、池の周りにはタンポポの花がたくさん咲いています。本当は４人で来るはずだったのですが、ネズミくんは風邪をひいてしまい、来られなくなってしまったのでした。「ネズミくん、楽しみにしていたのに残念だね」とウサギくんが言いました。
この池に来たのは、オタマジャクシがいっぱいいるとネズミくんが教えてくれたからでした。ですが、カバくんとウサギくんが池をのぞいてみても、オタマジャクシが見つかりません。そんな時、イヌくんが「こっちにいるよ！」と大きな声でみんなを呼びました。ウサギくんとカバくんが行ってみると、そこにはたくさんのオタマジャクシが泳いでいました。
お家から持ってきた網で、オタマジャクシを捕まえます。カバくんは丸、イヌくんは三角、ウサギくんは四角い網です。しばらくしてバケツを見てみると、10匹のオタマジャクシがいました。イヌくんは３匹、カバくんは２匹捕まえました。ウサギくんが「お家で育てたいな」と言うと、「でももう足が生えてきているよ。お家に持って帰るのはやめようよ」とカバくんは言いました。ウサギくんもイヌくんも大きくうなずいて、３人でいっしょにオタマジャクシを池に返してあげることにしました。
その時、池の中をよく見てみると、何か丸いものがたくさんあります。「これは何？」とカバくんが聞くと、イヌくんは「カエルの卵だよ」と答えてくれました。カバくんは、はじめて見るカエルの卵を珍しそうにずっとながめていました。
楽しい時間はあっという間に過ぎ、お腹も空いてきました。「サンドイッチを持ってきたからみんなで食べよう」とイヌくんが言うと、みんな大喜びです。「今度はネズミくんもいっしょに４人で来ようね」とみんなで約束をしたのでした。

（問題22の絵を渡す）
①このお話の季節と同じものに○をつけてください。
②３人が持ってきた網は、それぞれどの網でしょうか。正しいものを選んで、線で結んでください。
③最初にオタマジャクシを見つけた動物に○をつけてください。
④ウサギくんはオタマジャクシを何匹捕まえましたか。その数の分だけ四角の中に○を書いてください。

〈時間〉　各15秒

〈解答〉　下図参照

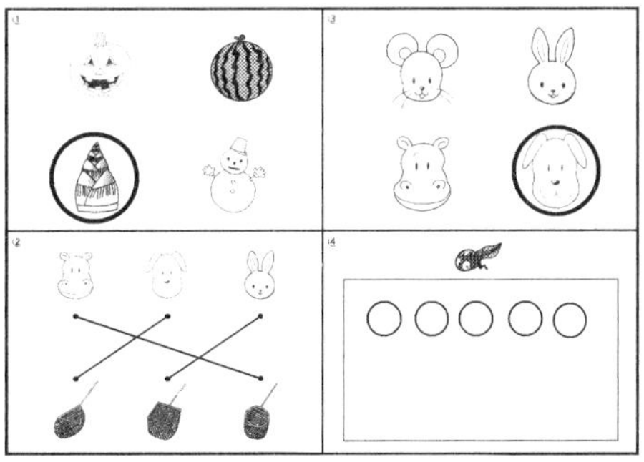

［2019年度出題］

学習のポイント

お話の長さ、問題の内容ともにオーソドックスな形なので、しっかり準備をしておけば、確実に正解できる問題です。ただ、当校でよくある出題パターンで、問題が徐々に難しくなっていったり、最後の問題だけ難しくなったりするものがあります。本問がまさにその形で、④の直接的な答えは、お話には出てきません。３人で捕まえた数とイヌくん、カバくんが捕まえた数から考えなければ、答えることができないのです。お話の記憶では、よく頭の中にイメージを描くことができるかがポイントと言われますが、ここではイメージしたものを使ってひき算することが求められるので、かなり難しいと言えるでしょう。慣れるまでは、記憶したものを一度書き出して考えた方が解きやすいでしょう。ですが、実際の試験では解答以外記入してはいけない場合もあるので、最終的には頭の中でできるようにしていかなければいけません。記憶と数量の問題を頭の中で切り替えて、正解を出せるようにしていきましょう。

【おすすめ問題集】

１話５分の読み聞かせお話集①・②、お話の記憶問題集 初級編・中級編、
Ｊｒ・ウォッチャー19「お話の記憶」、34「季節」

問題23　分野：図形（展開）

〈準備〉　鉛筆

〈問題〉　左側の折り紙の色のついた部分を切り取って広げると、どんな形になるでしょうか。選んで○をつけてください。

〈時間〉　１分

〈解答〉　①左から２番目　②右端　③左から２番目　④右から２番目

[2019年度出題]

学習のポイント

例年出題される図形分野の問題ですが、今年は展開の問題でした。当校は、図形の中でも、同図形探し、四方からの観察、回転など、さまざまな形式で出題されるので、過去に出題されていないジャンルの問題にも対応ができるように幅広い学習が必要となります。問題自体はそれほど難しいものではないので、基礎的な力をしっかり付けていくようにしていきましょう。解き方としては、折り線に対して線対称になるものを見つけるということですが、言葉で説明するよりも、折り紙などを使って実際に目で見せてあげることが１番簡単で、理解も早いでしょう。理屈で考えることもできますが、感覚として身に付けてしまえば、瞬間的に解答することができるので、試験本番では時間の短縮にもなります。紙と鉛筆を使った学習としてではなく、折り紙を使った遊びとして、お子さまといっしょに楽しみながら学んでいくことのできる問題です。

【おすすめ問題集】

Ｊｒ・ウォッチャー５「回転・展開」

問題24　分野：図形（座標）

〈準備〉　鉛筆

〈問題〉　上の四角の中の絵を見てください。それぞれ絵が記号に変わるお約束が書いてあります。このお約束通り、左側のマス目に書かれている絵と同じ位置に、右側のマス目に記号を書いてください。

〈時間〉　１分

〈解答〉　下図参照

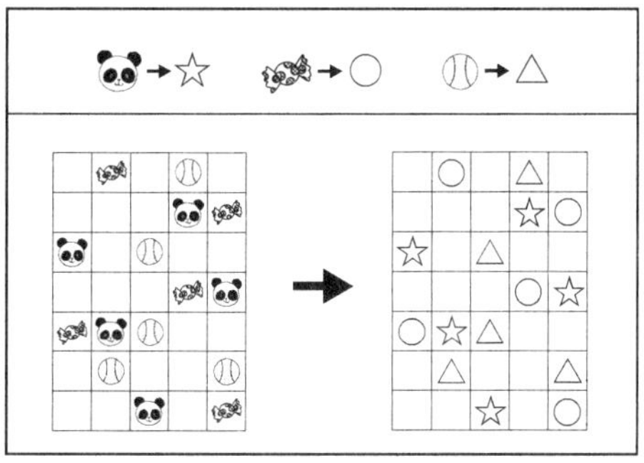

［2019年度出題］

学習のポイント

単純に同じ記号を書き写すのではなく、お約束に合わせて置き換えた記号を書くという、ひとひねり加えた座標問題です。一般的な座標問題は同じ記号を同じマス目に書くという目と手を使った単純な作業になりますが、本問では頭を使うことも求められます。考え方は一般的な座標問題と変わりはなく、求められるのは正確な作業なのですが、記号に置き換える分、気を配らなければならない部分が多くなります。解答の仕方はいくつかあると思いますが、左上からスタートして、上から下、左から右に移動しながら書き写していくのが、オーソドックスな方法です。また、ミスをしないためにも３つの記号をまとめて書き写すのではなく、同じ記号ごとに分けて行なうようにしましょう。時間をかければ確実に正解できる問題なので、解答時間はシビアに設定されており、その中でどれだけ正確にできるかが観られることになります。

【おすすめ問題集】
　Ｊｒ・ウォッチャー２「座標」、57「置き換え」

問題25　分野：数量（数の構成）

〈準　備〉　鉛筆

〈問　題〉　右の４つの四角の中のどれとどれを合わせると１番左の四角と同じになるでしょうか。２つ選んで○をつけてください。

〈時　間〉　１分

〈解　答〉　下図参照

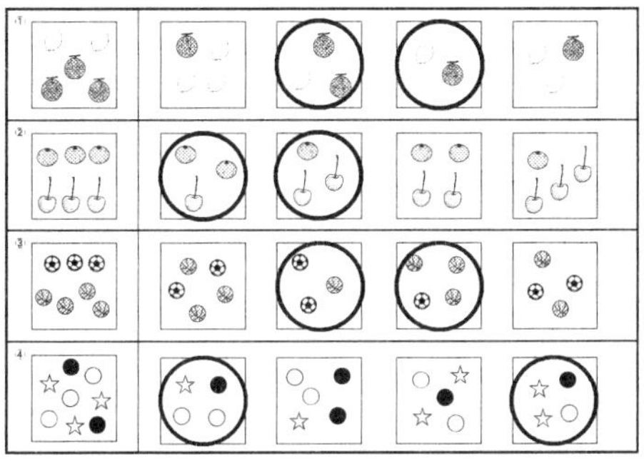

［2019年度出題］

学習のポイント

この問題を解くのには、例えば「５」という数がいくつといくつから成り立っているかということを理解していないと難しいでしょう。「５」は「２と３」から成り立っており（もちろん「３と２」「１と４」「４と１」でも成り立ちます）、いくつかの数に分けることもできるということがわかっていればスムーズに解答できます。本問は、２つの数を合わせる問題ですが、その中に異なる絵柄があるので、複雑さが増しています。解き方を①を例にして説明します。最初に数だけに注目すると、２つと３つという組み合わせが成り立ち、左端が消えます。その次に、レモンに注目すると、１つと１つという組み合わせが成り立ち、右端が消え、残ったものが答えになります。基本的な考え方としては、この方法です。ただ、こうした手順を踏んで解答するのは、はじめのうちだけでしょう。入学試験ではそれほどゆっくりした時間を与えてくれないので、頭ではなく、目で見て答えが出せるように学習を進めてください。

【おすすめ問題集】

Ｊｒ・ウォッチャー38「たし算・ひき算１」、39「たし算・ひき算２」、40「数を分ける」、41「数の構成」

問題26　分野：推理（ブラックボックス）

〈準備〉　鉛筆

〈問題〉　１番上の段を見てください。×や△の箱を通るとスイカの数が変わるお約束です。では、下の段の「？」が書いてある四角にはスイカが何個入っているでしょうか。その数の分だけ右の四角の中に○を書いてください。

〈時間〉　１分

〈解答〉　①○：３　②○：４　③○：４

［2019年度出題］

学習のポイント

数の変化のブラックボックスは、たいていの場合、たし算・ひき算の問題として考えることができます。本問では、２個のスイカが×を通ると３個になり、３個のスイカが△を通ると２個になります。つまり、数字に置き換えれば、×は＋１、△は－２となります。最初のうちは、「１つ増える」「２つ減る」というように、１つひとつ確認しながら解いていく形でもよいですが、箱の数が多くなるにつれ、時間がかかります。なので、先に箱をまとめて考え、箱全体で何個増える（何個減る）という形を作ってしまいましょう。そうすることで、計算がシンプルになります。③のように、スイカの数、箱の数が多くなるほど時間の短縮が見込めるので、試験本番での効果は大きくなります。

【おすすめ問題集】
　Ｊｒ・ウォッチャー32「ブラックボックス」

問題27　分野：言語（しりとり）

〈準備〉　鉛筆

〈問題〉　四角の中の絵を使ってしりとりをしてください。★のついている絵から始めます。①は１つ、②は２つ使わない絵があります。その絵に○をつけてください。

〈時間〉　各40秒

〈解答〉　下図参照

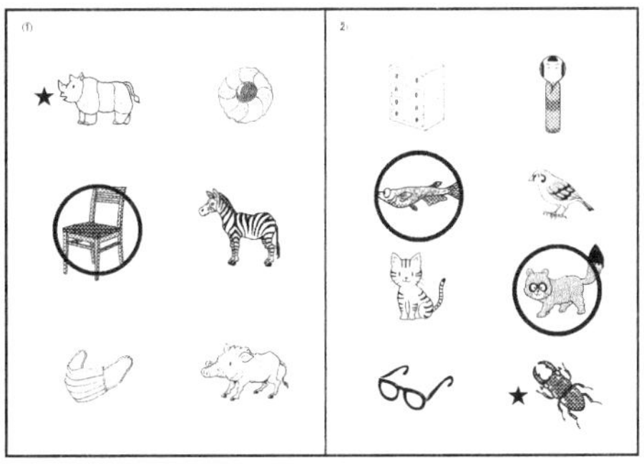

［2019年度出題］

学習のポイント

まずは、その絵が何を表しているのかがわからないと問題を解くことができないので、そこがスタートとなります。そうした、ものの名前は、日常生活の中で覚えることができるので、ふだんから積極的にお子さまに質問してみてください。名前がわかっていれば、しりとり自体に問題はないと思いますが、出題の仕方に少しひねりがあるので、問題の指示をしっかりと聞きましょう。しりとりをつなげながら、使う絵に○をつけてしまいがちですが、本問は「使わない絵」に○です。つまり、１番最後に○をつけることになります。②は「使わない絵」「２つ」に○です。１つだと勘違いして、つながらないと悩まないように気を付けてください。そうしたところでの時間のロスはもったいないので、しっかりと問題を聞いてから解答するようにしましょう。ちなみに、こうした問題では、スタートのすぐそばに使わない絵があるパターンがよくあります。こうした絵はいわゆる引っかけですので、飛びついて無駄な時間を使わないように、全体を見てから始めましょう。

【おすすめ問題集】

Ｊｒ・ウォッチャー12「日常生活」、17「言葉の音遊び」、
18「いろいろな言葉」、49「しりとり」、60「言葉の音（おん）」

問題28 分野：常識（日常生活、季節、理科）

〈準備〉 鉛筆

〈問題〉 それぞれの段にいる動物がお話をします。正しいことを言っている動物に○をつけてください。

①サルさんは言いました「昼に会った時に『おはよう』と言います」
トラさんは言いました「夜寝る前に『おはよう』と言います」
ウシさんは言いました「朝起きた時に『おはよう』と言います」
ゾウさんは言いました「悪いことをした時に『おはよう』と言います」
②サルさんは言いました「お花見は夏にする行事です」
トラさんは言いました「お月見は秋にする行事です」
ウシさんは言いました「お花見は冬にする行事です」
ゾウさんは言いました「お月見は春にする行事です」
③サルさんは言いました「トンボの幼虫はヤゴと言って、土の中にいます」
トラさんは言いました「トンボの幼虫はヤゴと言って、水の中にいます」
ウシさんは言いました「トンボの幼虫はイモムシと言って、土の中にいます」
ゾウさんは言いました「トンボの幼虫はイモムシと言って、水の中にいます」
④サルさんは言いました「シマウマはいつも肉を食べています」
トラさんは言いました「シマウマはいつも虫を食べています」
ウシさんは言いました「シマウマはいつも草を食べています」
ゾウさんは言いました「シマウマはいつも魚を食べています」

〈時間〉 各10秒

〈解答〉 ①右から２番目（ウシ）　②左から２番目（トラ）　③左から２番目（トラ）
④右から２番目（ウシ）

［2019年度出題］

学習のポイント

例年出題される常識分野の問題ですが、動物の発言形式というあまり見かけない出題方法となっています。日常生活、季節、理科と幅広く出題されていますが、その問題自体の難しさではなく、出題方法に戸惑ってしまうかもしれません。保護者の方は、文字を見ているので簡単に思えるかもしれませんが、お子さまが臨む入試では耳からの情報となります。正解がわかっていたとしても、「〇〇さんは言いました」という、誰が言ったかという部分を聞き逃したり、聞き間違えてしまったりすると答えられなくなってしまいます。細部までの注意が必要です。常識分野とはなっていますが、日常生活に関する常識はともかく、季節や理科常識は、ふだんの生活から得るものとはなりにくくなっています。季節感や生きものの生態などについては、メディアを利用してもかまいません。お子さまといっしょに学んでいきましょう。

【おすすめ問題集】

Ｊｒ・ウォッチャー12「日常生活」、27「理科」、34「季節」、55「理科②」

問題29　分野：巧緻性・図形（線図形）

〈準備〉　鉛筆

〈問題〉　上の四角に書かれた線を、下の四角に同じように書き写してください。

〈時間〉　1分30秒

〈解答〉　省略

［2019年度出題］

学習のポイント

本問題集にも収録されている、過去の問題に比べればやさしくはなっていますが、模写する図形に曲線が含まれているので、難しさも残っています。線図形と呼ばれることもあるこの問題ですが、当校では巧緻性という部分を重視しており、同じ図形と認識できるだけでなく、ていねいさも求められています。そういった意味では、曲線部分の「出来」が大きなウエイトを占めていると言ってもよいでしょう。書き方としては、線を引くという言葉の通り、右利きの場合、左から右、上から下という方向に鉛筆を引いて動かした方が、スムーズに線を引くことができます。その反対の動きで線を引くと鉛筆を押す形になってしまい、きれいな線を引くことが難しくなります。曲線の対策としては、白い紙の上で〇を書く練習をしてみましょう。さまざまな大きさの〇を思い通りに書くことができれば、曲線も怖くはありません。

【おすすめ問題集】

Ｊｒ・ウォッチャー1「点・線図形」、51「運筆①」、52「運筆②」

問題30　分野：行動観察（集団行動）

〈準 備〉　ジョイントマット（25枚）、小さなカラーコーン（２色×２個）、矢印のボード（21枚）

〈問 題〉　この問題の絵はありません。

（６人程度のグループで行なう）
①ジョイントマットを５×５マスに並べます。
②指示に従って、マットの上にカラーコーンを置きます。
③みんなで協力しながら、同じ色同士のカラーコーンがつながるように矢印のボードを並べます。
④ただし、マス目がすべて埋まるように、矢印のボードを並べなくてはいけません。
⑤２チームでどちらが早くできるか競争する形で行います。

〈時 間〉　10分

〈解 答〉　下図参照（一例）

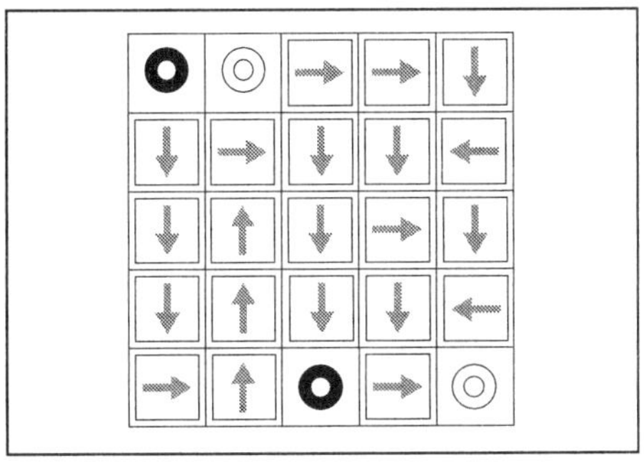

［2019年度出題］

学習のポイント

本年は、制作から制作物を使ったゲームという、当校の特徴的な行動観察ではなく、ゲームの中での行動観察という形に変更になりました。パズル的要素の強いゲームなので、みんなの答えが一致していないと、行動もバラバラになってしまいます。自分の意見を言う、ほかの人の話を聞くといった、基本的なコミュニケーションをとりながら、グループとしての答えを見つけていくことが大切になります。こうした行動観察は、グループの中での個人という部分が観られています。年齢なりの社会性が求められているのです。得意な部分は積極的に、苦手な部分は手伝ってもらいながらというように、グループに積極的に関わっていく姿勢が評価されます。先生たちは、行動観察を通して、小学校に入った後の姿を考えながら、お子さまを観ているのです。

【おすすめ問題集】
Ｊｒ・ウォッチャー29「行動観察」

問題31　分野：運動（模倣体操）

〈準備〉　なし

〈問題〉　**この問題の絵はありません。**
体操をします。私がする通りに動きを真似してください。
（以下、出題者は問題文を読み上げながら体を動かす。１項目ずつ行う）

①指の体操をします。親指から小指まで、順番に折ります。
②今度は親指から小指まで、順番に開きます。
③両手を肩、胸、腰の順番に置いて、先生と同じポーズをとってください。

〈時間〉　５分

〈解答〉　省略

［2019年度出題］

学習のポイント

当校では、例年模倣体操が行われています。課された運動は難しいものではありませんが、だからこそ、お子さまのやる気の有無が表れやすいと言えるでしょう。先生の指示をよく聞いて、元気よく行動してください。指示を聞く時は先生の方を向く、運動する時はテキパキ動く、周りのお友だちとおしゃべりしないといった基本的なルールを守っていれば問題ありません。体を動かす時は１つひとつの動作をきっちりと区切って行いましょう。動作を連続させてしまうと、全体的にだらしなく見えてしまいます。１つの動作を終えたら、一瞬動きを止め、それから次の動作に移ると、メリハリのついた動きに見えます。お子さまの動きが「何か今ひとつ……」という場合は、鏡やスマートフォンなどを使い、お子さま自身の目で動きを確認させるのがよいでしょう。どこの動きを直せばよいのか理解する助けになります。

【おすすめ問題集】
新 運動テスト問題集、Ｊｒ・ウォッチャー28「運動」

家庭学習のコツ④　効果的な学習方法～お子さまの今の実力を知る

１年分の問題を解き終えた後、「家庭学習ガイド」に掲載されているレーダーチャートを参考に、目標への到達度をはかってみましょう。また、あわせてお子さまの得意・不得意の見きわめも行ってください。苦手な分野の対策にあたっては、お子さまに無理をさせず、理解度に合わせて学習するとよいでしょう。

問題32　分野：お話の記憶

〈準備〉　鉛筆

〈問題〉　お話をよく聞いて、後の質問に答えてください。

たけしくんは、お父さん、お母さん、弟の４人で、おじいさんの家に遊びに行きました。おじいさんの家には、お父さんが運転する車に乗っていきます。家に着くと、おじいさんとおばあさんとイヌのタロウが待っていました。たけしくんはおじいさんとおばあさんに、「こんにちは」とあいさつをしました。おじいさんは「いらっしゃい、たけし」と言いました。おばあさんは、「よく来たね。畑においしい野菜がたくさんあるから、みんなで採ってきて食べましょう」と言いました。そこでたけしくんは、弟といっしょに畑に行って、おばあさんのお手伝いをすることにしました。
おばあさんの畑には、トマト、キュウリ、ナスなど、たくさんの野菜がありました。２人は野菜を採ってカゴの中に入れていきます。夢中になって採っているうちに、２人はたくさん汗をかきました。そこで２人は近くの大きな木の下で休憩をしました。木にはたくさんのセミがいて、元気に鳴いていました。セミの声を聞きながら、おじいさんから借りた水玉模様のタオルで汗を拭くと、さっぱりしていい気持ちになりました。おばあさんが「トマトがおいしいから、トマトをたくさん採ってちょうだい」と言ったので、２人はトマトを採りました。数えてみると、たけしくんはトマトを８個、弟は４個採りました。それを見たおばあさんは、「たくさんトマトを採ってくれたのね。ありがとう」と褒めてくれたので、２人はうれしくなってニッコリ笑いました。

（問題32の絵を渡す）
①１番上の段を見てください。お話に出てきたものを選んで○をつけてください。
②上から２番目の段を見てください。このお話の季節と同じものを選んで○をつけてください。
③下から２番目の段を見てください。お話に出てきたタオルと同じ模様のものを選んで○をつけてください。
④１番下の段を見てください。たけしくんはトマトをいくつ採りましたか。その数の分だけ○を書いてください。

〈時間〉　各10秒

〈解答〉　①左から２番目（イヌ）　②左端（スイカ）　③右端（水玉模様）　④○：８

［2018年度出題］

学習のポイント

当校のお話の記憶では、季節、数、模様などが問われます。例年、傾向に変化はなく、スタンダードな出題なので、取りこぼしがないように確実に解答したい分野です。それぞれの問題に焦点を当てると、まず、①と③は出てきたものを覚えていれば問題なく答えられるでしょう。②は季節を答える問題です。お話に出てくるセミとトマトが夏のものだと知っていればすぐにわかります。食事に旬の食材を使う、季節の行事に参加するなどして日常生活の中で季節を感じる機会を作ってください。④は、たけしくんと弟が採ったトマトの数を混同しないよう気を付けましょう。記憶する力は、アドバイスをしたからといってすぐに身に付くものではありません。特にお話の記憶は、読み聞かせの量に比例すると言われています。毎日読み聞かせを行い、情景を思い浮かべながら聞く練習を繰り返しましょう。読み聞かせの後、内容について質問するだけでなく、関係したことも含めて質問するとよいでしょう。

【おすすめ問題集】

1話5分の読み聞かせお話集①・②、お話の記憶問題集 初級編・中級編、
Ｊｒ・ウォッチャー19「お話の記憶」、34「季節」

問題33 分野：常識（昔話）

〈準 備〉 鉛筆

〈問 題〉 上の絵と関係のあるものを下から選んで、●同士を線で結んでください。

〈時 間〉 30秒

〈解 答〉 下図参照

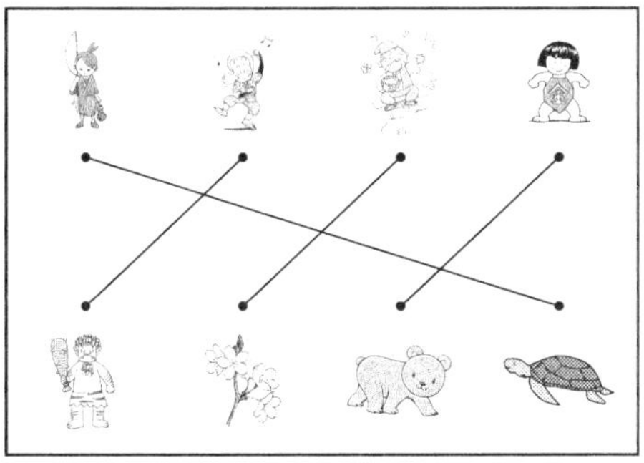

［2018年度出題］

学習のポイント

上の絵が示す昔話と関係するものを答える問題です。出題されている昔話はどれも一般的なものなので、それぞれの登場人物の特徴を見れば、何のお話なのか判断することができるでしょう。過去には、本問で挙げられた昔話以外にも「桃太郎」「一寸法師」「かちかち山」などが出題されました。これらの昔話はお話の内容を知っていることを前提として質問がされています。オーソドックスなお話はもちろんのこと、はじめて聞くお話にも対応しなければならず、対策が難しい分野だと言えます。また、解答の線を引く時は、●の中心から中心へ、濃い線を真っすぐ引くようにしてください。薄い線や、中心をとらえられていない線は、採点者によっては正解として扱われない場合があるかもしれません。誰が見てもわかる線を引けるように、筆記用具の使い方も練習しておきましょう。

【おすすめ問題集】
1話5分の読み聞かせお話集①・②、Ｊｒ・ウォッチャー11「いろいろな仲間」

問題34　分野：図形（重ね図形）

〈準備〉　鉛筆

〈問題〉　左側の2枚の絵を、向きを変えないまま重ねるとどのように見えますか。右側から選んで○をつけてください。

〈時間〉　1分30秒

〈解答〉　①左端　②右から2番目　③右端　④左から2番目

［2018年度出題］

学習のポイント

当校では頻出の、図形分野の問題です。この分野の問題は、鏡図形や回転図形などさまざまな出題がされます。分野を絞らず、幅広い練習問題に取り組んでください。本問は絵を反転や回転させずに、そのまま重ねた時にどうなるかが問われています。解き方のポイントとしては、お手本と同じ部分のマスが塗られているかを見比べると、選択肢を絞り込みやすくなります。例えば、①の左のお手本は左上が塗られているので、右端は選択肢から外れます。次に、右のお手本を見ると、右半分が塗られているので、左端が正解だと絞り込むことができます。見比べる時は1マスずつではなく、右半分と左半分など、いくつかのマスをまとめて見比べ、解答時間を短縮してください。なお、④の問題は塗られたマスの代わりに記号が書かれたマスがありますが、考え方は同じです。記号の位置に気を付けて解答してください。応用問題として、絵を本のように折りたたんで重ねる、回転させてから重ねるなどの出題方法があります。

【おすすめ問題集】
Ｊｒ・ウォッチャー35「重ね図形」

問題35　分野：言語（日常生活、反対語）

〈準備〉　鉛筆

〈問題〉　①朝起きた時、クマさんは「ごめんなさい」と言いました。リスさんは「ごちそうさま」と言いました。ブタさんは「おはようございます」と言いました。正しいのは誰ですか。○をつけてください。
②「大きい」の反対の言葉を聞かれて、クマさんは「短い」と答えました。リスさんは「小さい」と答えました。ブタさんは「寒い」と答えました。正しいのは誰ですか。○をつけてください。
③「明るい」の反対の言葉を聞かれて、クマさんは「深い」と答えました。リスさんは「高い」と答えました。ブタさんは「暗い」と答えました。正しいのは誰ですか。○をつけてください。
④紫色を作るには何色と何色の絵の具を混ぜるかを聞かれて、クマさんは「赤と青です」と答えました。リスさんは「緑と黄色です」と答えました。ブタさんは「青と白です」と答えました。正しいのは誰ですか。○をつけてください。

〈時間〉　各10秒

〈解答〉　①右（ブタ）　②真ん中（リス）　③右（ブタ）　④左（クマ）

［2018年度出題］

学習のポイント

日常生活の中で使う言葉に関して問われており、基本的な言葉を知っていれば解答できるでしょう。解答の正誤だけでなく、正解にならなかった言葉をどのような場面で使用するのかもお子さまに聞いてください。類題をその場でアレンジすることができます。それぞれの問題に目を向けると、①は正しい朝のあいさつが問われます。場面や時間に沿ったあいさつは、一般的なマナーです。お子さまにはしっかりと身に付けさせておいてください。②③は反対語を答える問題です。お子さまは、こうした言葉を日常生活の中で耳にしているはずですから、それを思い出せるかどうかで答えられるかどうかが決まります。日頃の学習の中で、反対語のある言葉が出てきた時に、その言葉をお子さまに答えさせるなどの方法で、単語を意識させてください。④は色の合成を答える問題です。解答の「紫＝赤＋青」や「緑＝青＋黄色」「オレンジ色＝赤＋黄色」などの基本的な色の配合は覚えておくとよいでしょう。教える時は、実際に絵の具を混ぜ合わせて変化を見せると理解しやすくなります。本問は、数匹の動物が発言をして、正しい言葉を使った動物に○をつけて解答する独特な出題方法です。慣れていないとお子さまは戸惑ってしまうことがあります。そうしたことを避けるためにもさまざまな類題や応用問題に取り組み、独特な出題方法が出ても動じないようにしましょう。

【おすすめ問題集】
Ｊｒ・ウォッチャー12「日常生活」、18「いろいろな言葉」

問題36　分野：言語（しりとり）

〈準　備〉　鉛筆

〈問　題〉　上の列の絵でしりとりをすると、空いている四角には何が入りますか。下から選んで、それぞれ線で結んでください。

〈時　間〉　1分

〈解　答〉　下図参照

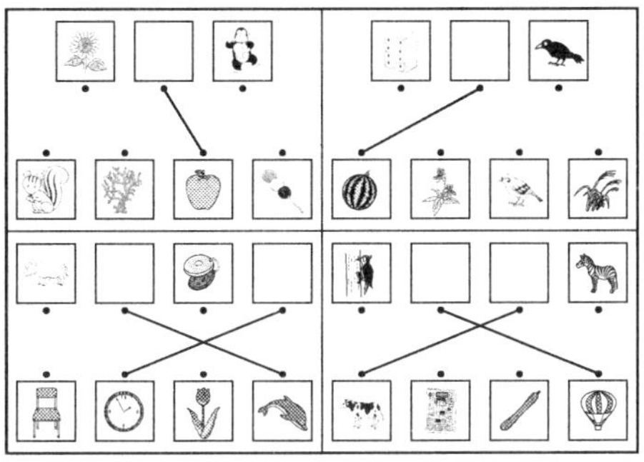

［2018年度出題］

学習のポイント

①から③までは基本的なしりとりの問題ですが、④は応用問題です。解答箇所が2マス続けて並んでいるため、工夫して取り組まなければいけません。解き方としては、まず、1マス目の最後の音で始まる言葉を選びます。次に、4マス目の最初の音で終わる言葉を選びます。最後に、選んだ選択肢がしりとりでつながるかどうかを確かめてください。本問で例えると、「キツツキ」からつながる言葉は「キキュウ」と「キュウリ」で、「シマウマ」に続く言葉は「ウシ」と「シンブンシ」です。これらの選択肢の中でつながるものを探すと「キキュウ」と「ウシ」だとわかります。こうした複雑な問題に解答するためには、さまざまな組み合わせを試す思考の切り替えの早さが求められます。問題が複雑になると、お子さまは考えることに気を取られてしまい、思わぬミスをしてしまう場合があります。こうしたミスは、見直しをする習慣を身に付けておくと防ぐことができます。

【おすすめ問題集】
　Ｊｒ・ウォッチャー12「日常生活」、17「言葉の音遊び」、
　18「いろいろな言葉」、49「しりとり」、60「言葉の音（おん）」

問題37　分野：推理（水の量）

〈準　備〉　鉛筆

〈問　題〉　4つの容器の中に同じ量の水を入れた時、水面の高さが1番高くなるのはどれですか。その容器の下にある四角に○を書いてください。

〈時　間〉　20秒

〈解　答〉　右端

［2018年度出題］

学習のポイント

容器には目盛りがついていないので、目盛りを判断基準にはできません。問題の条件から水の高さを推測しなくてはいけません。入れる水の量が同じ場合、水の高さは容器の直径によって決まります。直径が細いほど水の高さは高くなります。逆に、水の高さが同じ場合、直径が太いほど中に入っている水の量は多くなります。容器に入った水の量を答える問題などに応用できる知識なので、お子さまにはセットで教えてください。以上のことから、本問で水面が最も高くなる容器は右端だとわかります。こうした理科的知識をお子さまに言葉で説明するのは難しいので、実際に容器と水を用意して、問題と同じ条件で実験してみてください。問題で使われている形だけでなく、身の周りの容器に問題と同じように水を入れて高さを比べるとよいでしょう。水量に限らず、ひもの長さやものの重さについても同様に、比較するための基準を考えてから正解を求めるようにしましょう。

【おすすめ問題集】

Ｊｒ・ウォッチャー15「比較」、27「理科」、55「理科②」、58「比較②」

問題38　分野：数量（数を分ける）

〈準 備〉　鉛筆

〈問 題〉　左にあるくだものを、同じ段の人たちで分けると、何個ずつ渡せばよいですか。その数の分だけ右の四角の中に○を書いてください。

〈時 間〉　２分

〈解 答〉　①○：２　②○：３　③○：３　④○：４

［2018年度出題］

学習のポイント

小学校で習う割り算の問題ですが、受験するお子さまはまだ未就学児なので、割り算は使えません。１つの方法として、グループ分けの考え方があります。分ける数の中で○個のグループがいくつできるかと考え正解を求める方法です。慣れないうちは指でさして数える、絵を○で囲むなど補助が必要になると思いますが、補助なし答えられることを目標にしましょう。わからない時は、おはじきなどの具体物を実際に指で動かす方法や、お菓子を人数分配るなどの日常生活を通じて練習することをおすすめします。その中で、均等に分配できない（余りが発生する）時の考え方なども身に付けておくとよいでしょう。この問題の対策に限らず、ものを素早く数える練習することをおすすめします。数の扱いに慣れると、少ない数がいくつなのかをひと目で理解でき、早く解答できるようになります。本問なら、分ける人数が２人か３人か見ただけで判断できるようになると、数える手間が省けて、解答時間を短縮できます。

【おすすめ問題集】

Ｊｒ・ウォッチャー38「たし算・ひき算１」、39「たし算・ひき算２」、
40「数を分ける」、41「数の構成」

問題39　分野：図形（線図形・模写）

〈準 備〉　鉛筆

〈問 題〉　上の四角に書かれた線を、下の四角に同じように書き写してください。

〈時 間〉　１分30秒

〈解 答〉　省略

［2018年度出題］

学習のポイント

本問のポイントは、線がマス目のどの位置に描かれているのかを正確に把握することです。線を引く位置がずれていると、形が合っていても正しく写せたとは言えません。線を引く時は、始点と終点を把握して、２つの点をつなげる方法にすると、線の位置がずれなくなります。そのためには、上（下）から○本目の線と、左（右）から○本目の線が交わる点というように座標を使って線の始点と終点を把握してください。１本の線を引いたら次の終点を決め線を引くという作業を繰り返せば、最終的にお手本と同じ形ができます。また、当校の入試では、例年、鉛筆が筆記用具として使われています。鉛筆で線を引く時は、誰が見てもわかるように、筆圧を意識することも忘れないでください。縦か横の線を引く時は、マス目の線に沿って引くと線が乱れずにすみます。斜めに引く場合は、マス目の交点を基準にして、そこから次の交点に向かって引くようにすると、きれいな直線が引けます。

【おすすめ問題集】

Ｊｒ・ウォッチャー１「点・線図形」、51「運筆①」、52「運筆②」

問題40　分野：制作・行動観察

〈準 備〉　画用紙（Ａ４サイズ／５枚程度）、セロハンテープ、クーピーペン（12色）、机（３台）

〈問 題〉　**この問題は絵を参考にしてください。**

（６人程度のグループで行う。あらかじめ準備した道具を１人ずつ渡す）
これからドミノ倒しゲームをしましょう。私がお手本を見せるので、その通りにドミノのコマを作ってください。作業は机の上でしてください。

①２人１組のペアを作って、３チームに分かれてください。
②渡した画用紙を３つに折って、端をセロハンテープで留めます。
③セロハンテープで留めた部分とは反対の面に、クーピーペンで好きな絵を描きます。ただし、ペアになったお友だちと同じ絵を描いてはいけません。
④これでドミノのコマが完成です。同じように、渡した画用紙すべてをドミノのコマにします。
⑤すべての画用紙をドミノのコマにしたら、ペアで協力して机の上に並べて、ドミノ倒しをして遊んでください。

〈時 間〉　20分

〈解 答〉　省略

［2018年度出題］

学習のポイント

①から④までが制作で、⑤は作ったドミノのコマで遊ぶ行動観察です。コマ作りは、画用紙を真っ直ぐに折らないと不安定になるので、ていねいに作るよう心がけてください。また、ドミノのコマには絵を描きますが、お友だちと同じものを描いてはいけないという指示があります。描きたいものがいっしょになってしまった時に、わがままを言わずにお友だちと話し合えるか、場合によっては自分が描きたいものを譲れるかどうかというコミュニケーション能力も求められます。⑤はドミノ倒しで遊ぶという簡単な指示ですが、ドミノのコマは三角形なので、角に向けて倒そうとすると上手く倒れません。そのような時、なぜ倒れなかったのか、どのようにしたら倒れるかなど、試行錯誤ができたかどうかが、この問題の観点の１つだと考えられます。また、ドミノを並べる時に、失敗して倒れてしまうこともあると思います。その時、どのような対応をするかも観られています。自分が倒した時に謝ることができるか、逆に相手が倒した時に責めずに再チャレンジする前向きな姿勢を見せられるかなど、工夫する姿勢や積極性を見せられるとよいでしょう。

【おすすめ問題集】

実践 ゆびさきトレーニング①・②・③、

Ｊｒ・ウォッチャー23「切る・貼る・塗る」、29「行動観察」

2022年度 東京都市大付 過去 無断複製／転載を禁ずる 日本学習図書株式会社

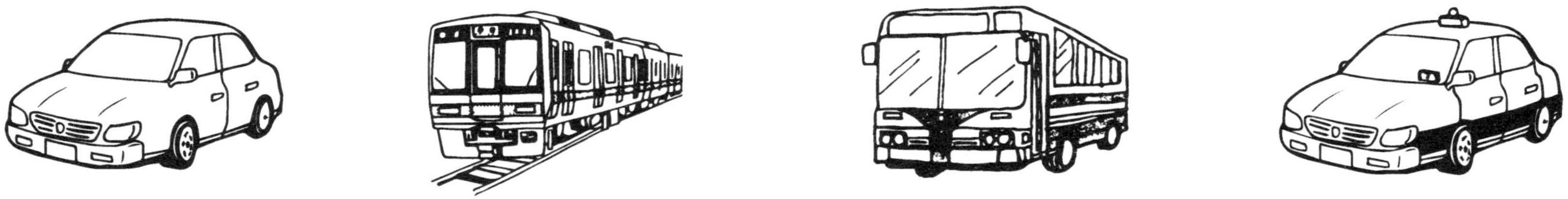

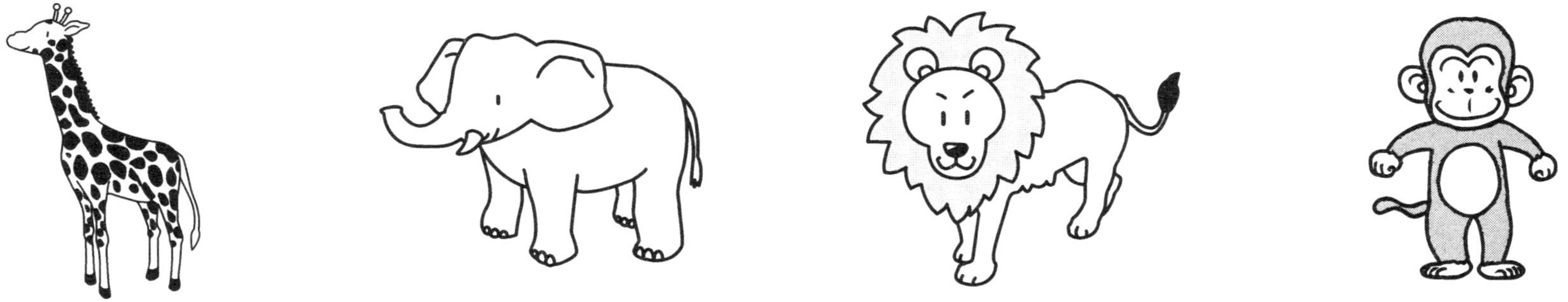

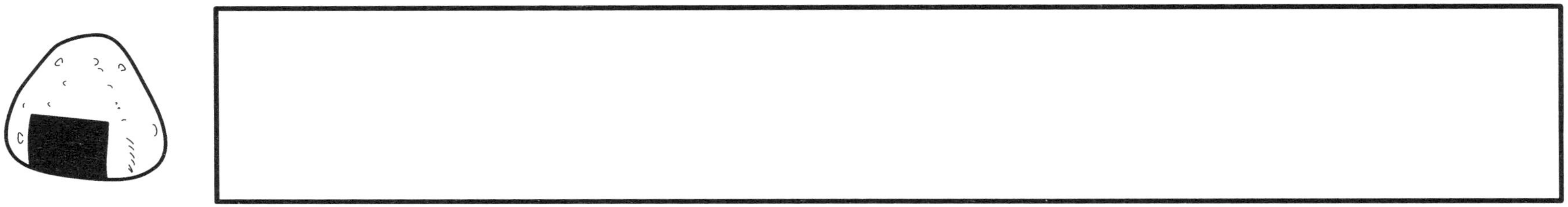

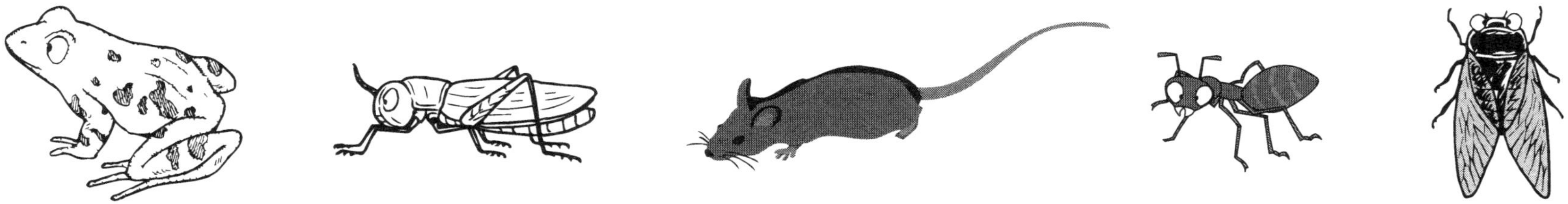

問題13

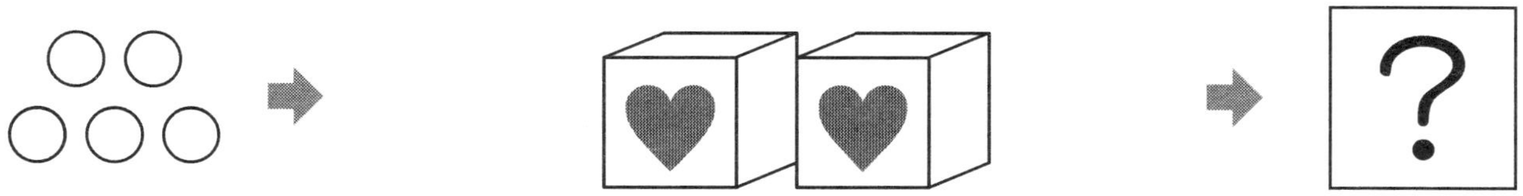

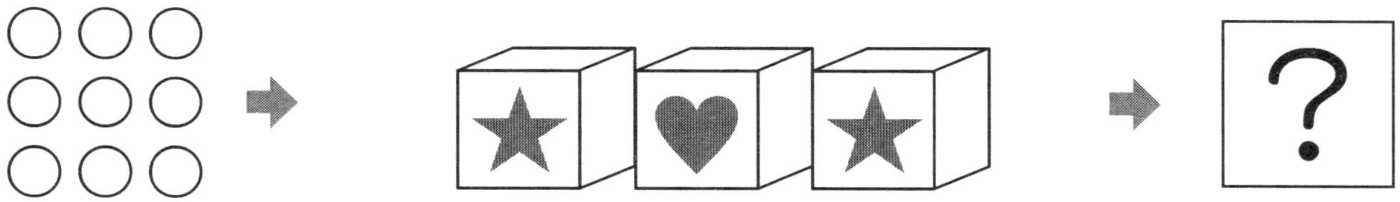

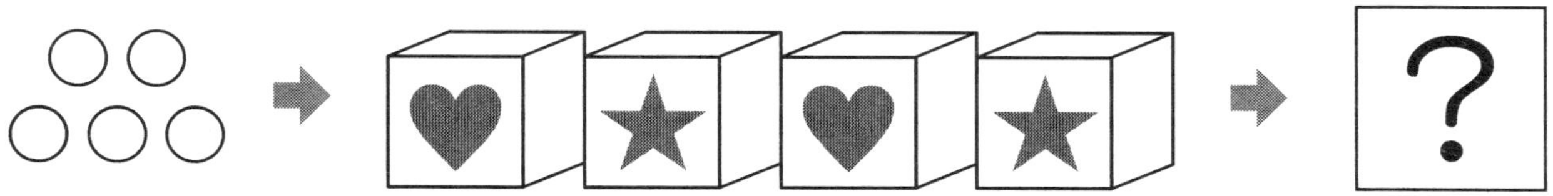

日本学習図書株式会社

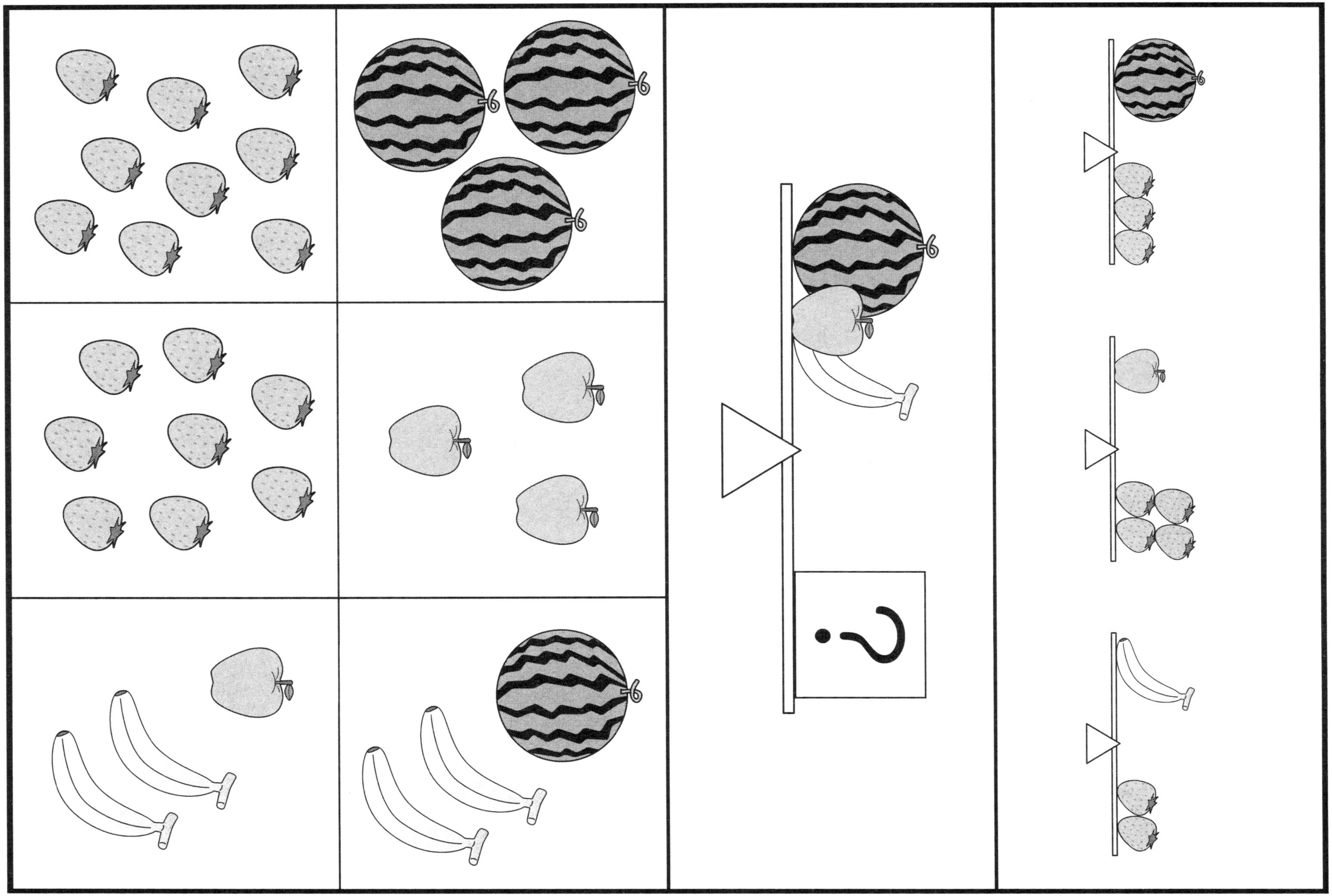

2022年度 東京都市大付 過去 無断複製／転載を禁ずる 日本学習図書株式会社

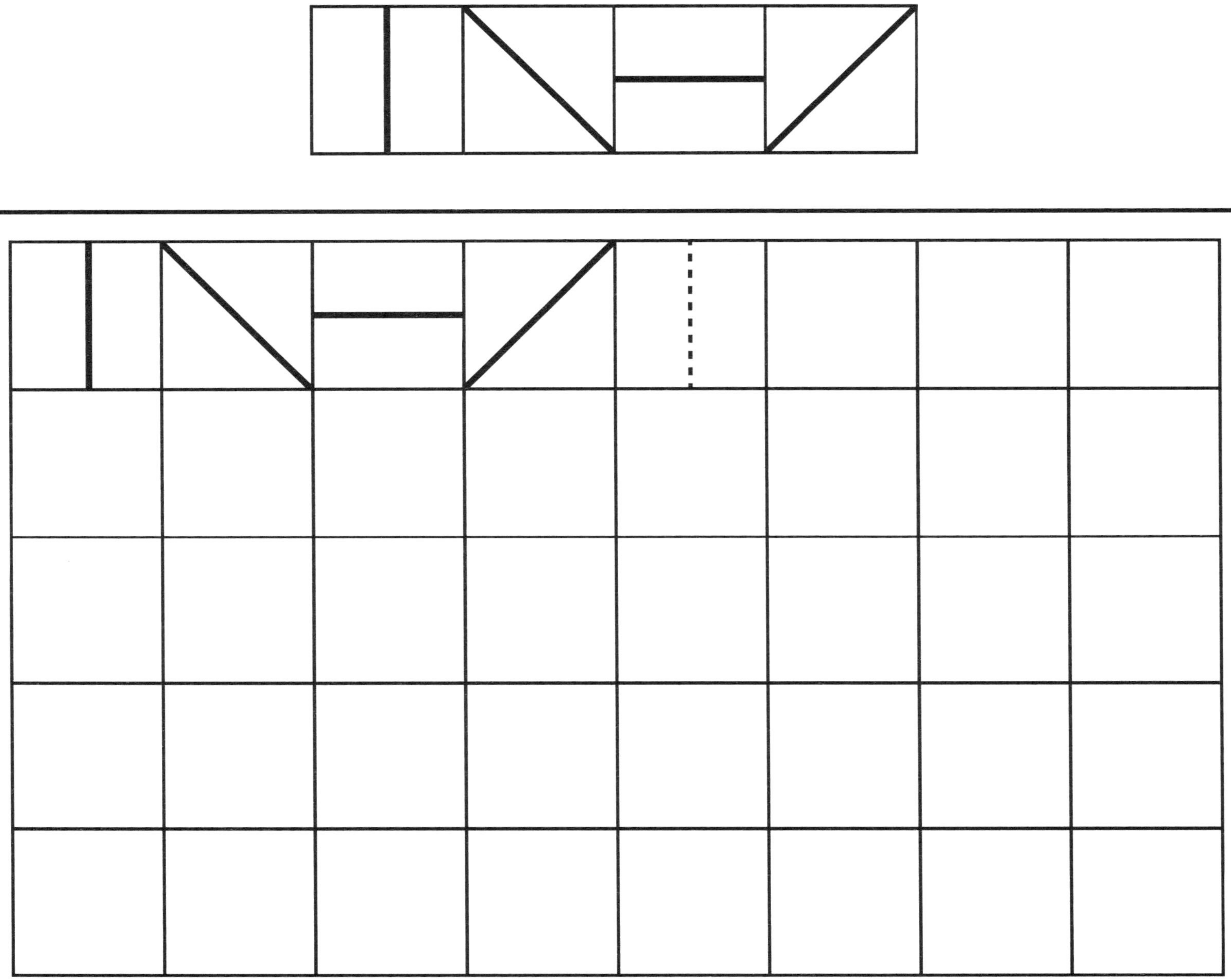

問題16

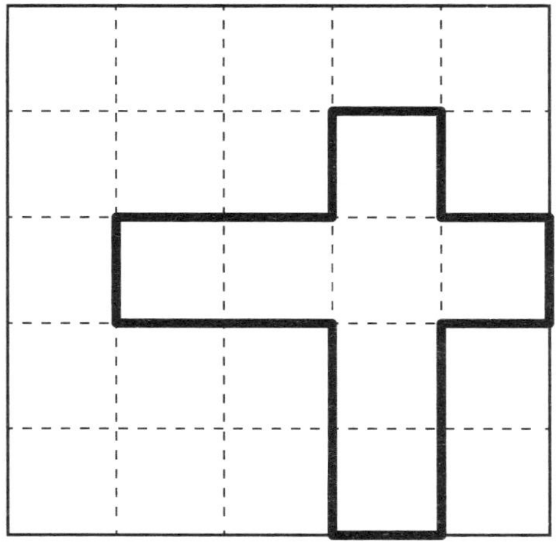

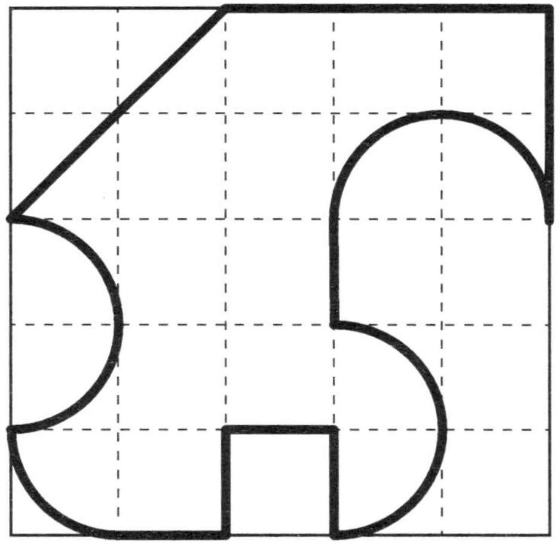

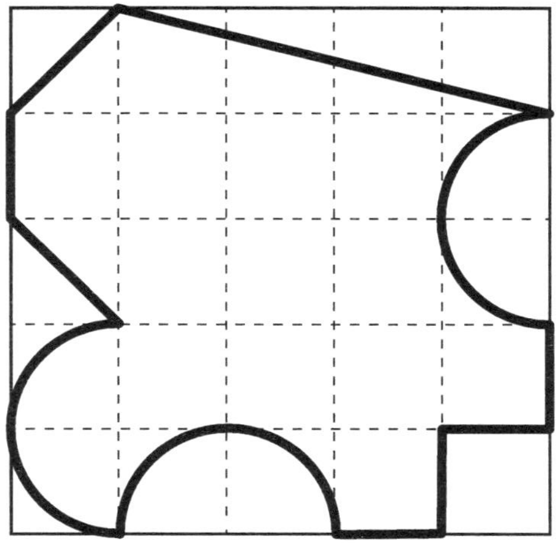

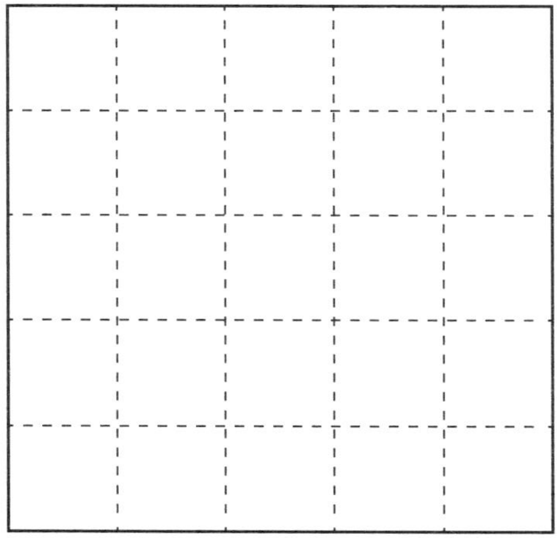

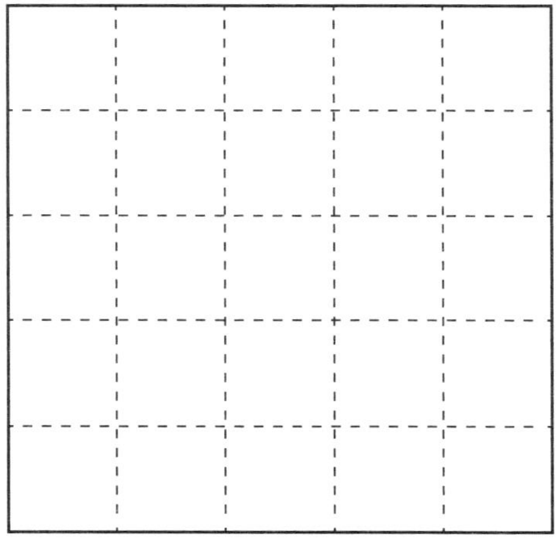

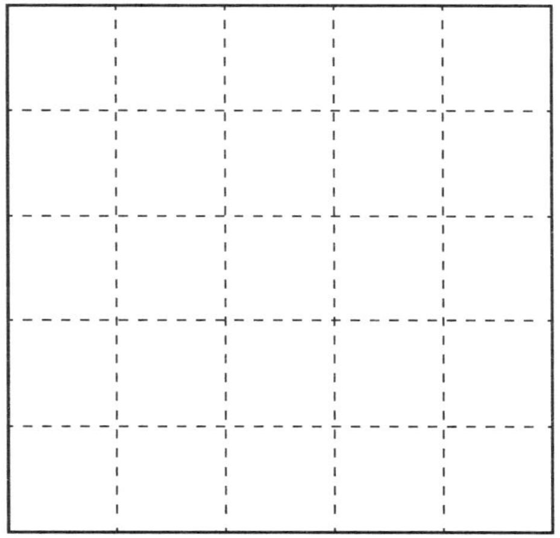

問題１７

①

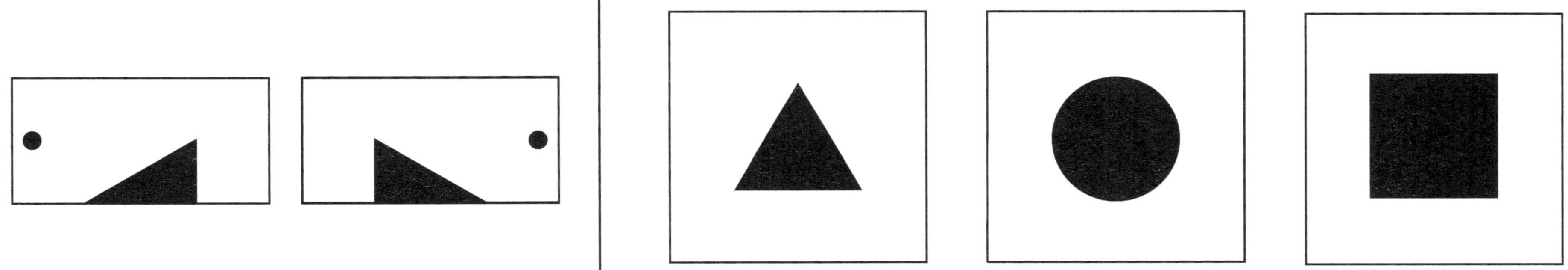

②

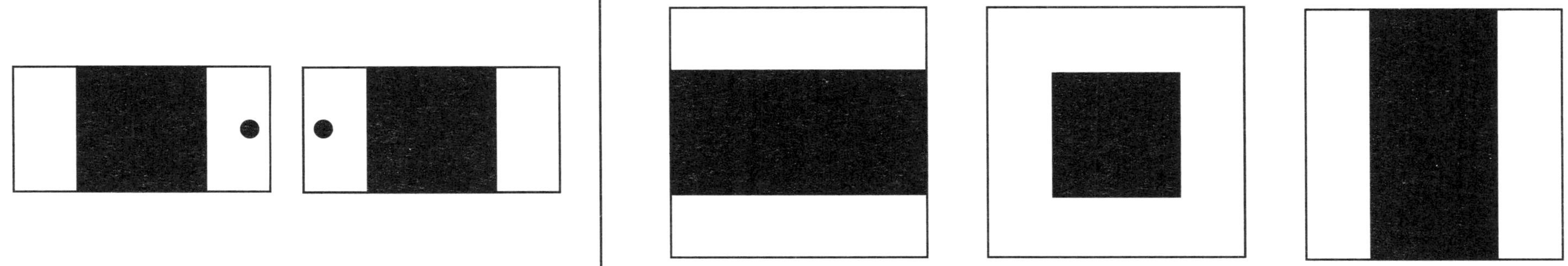

③

問題18

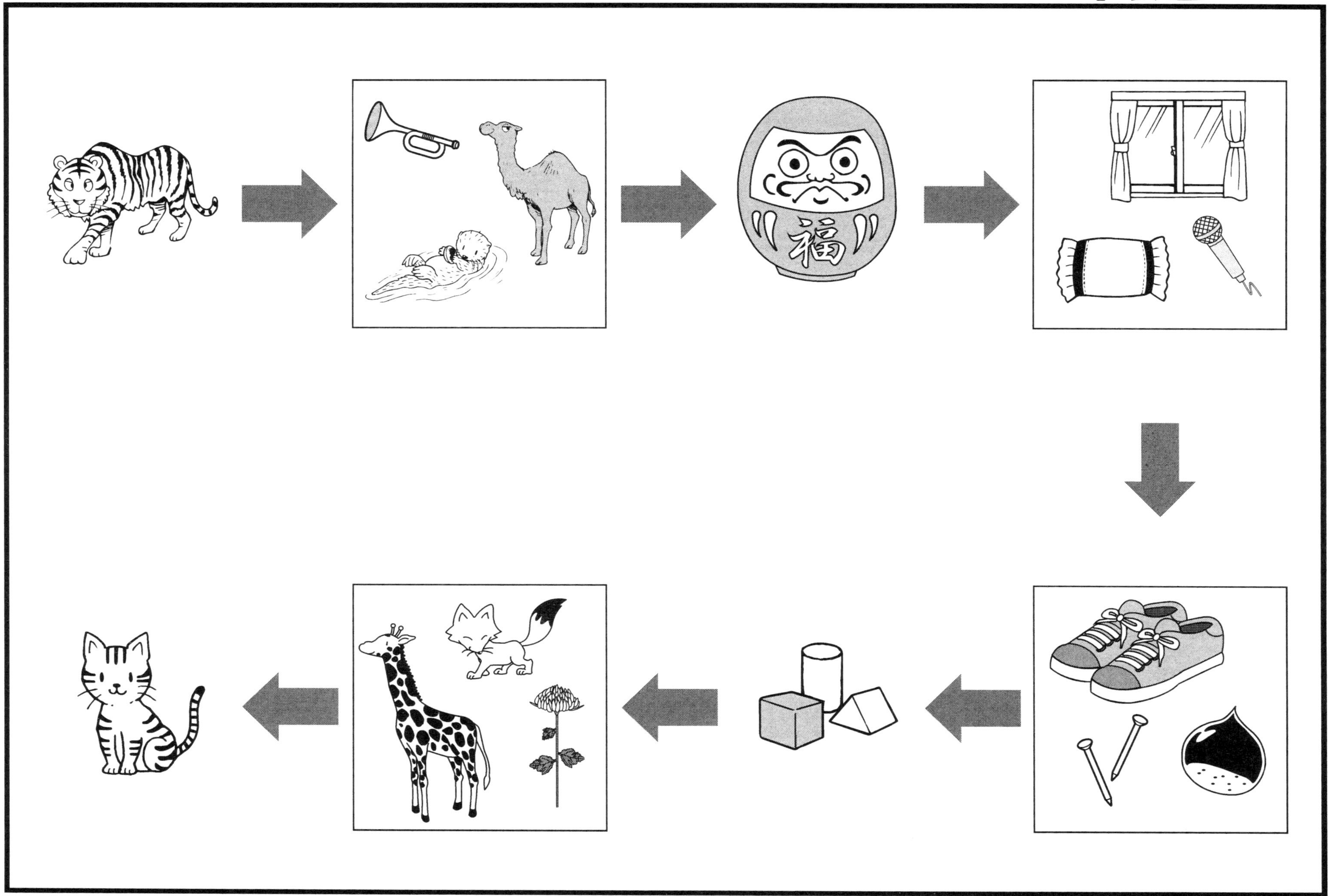

問題１９

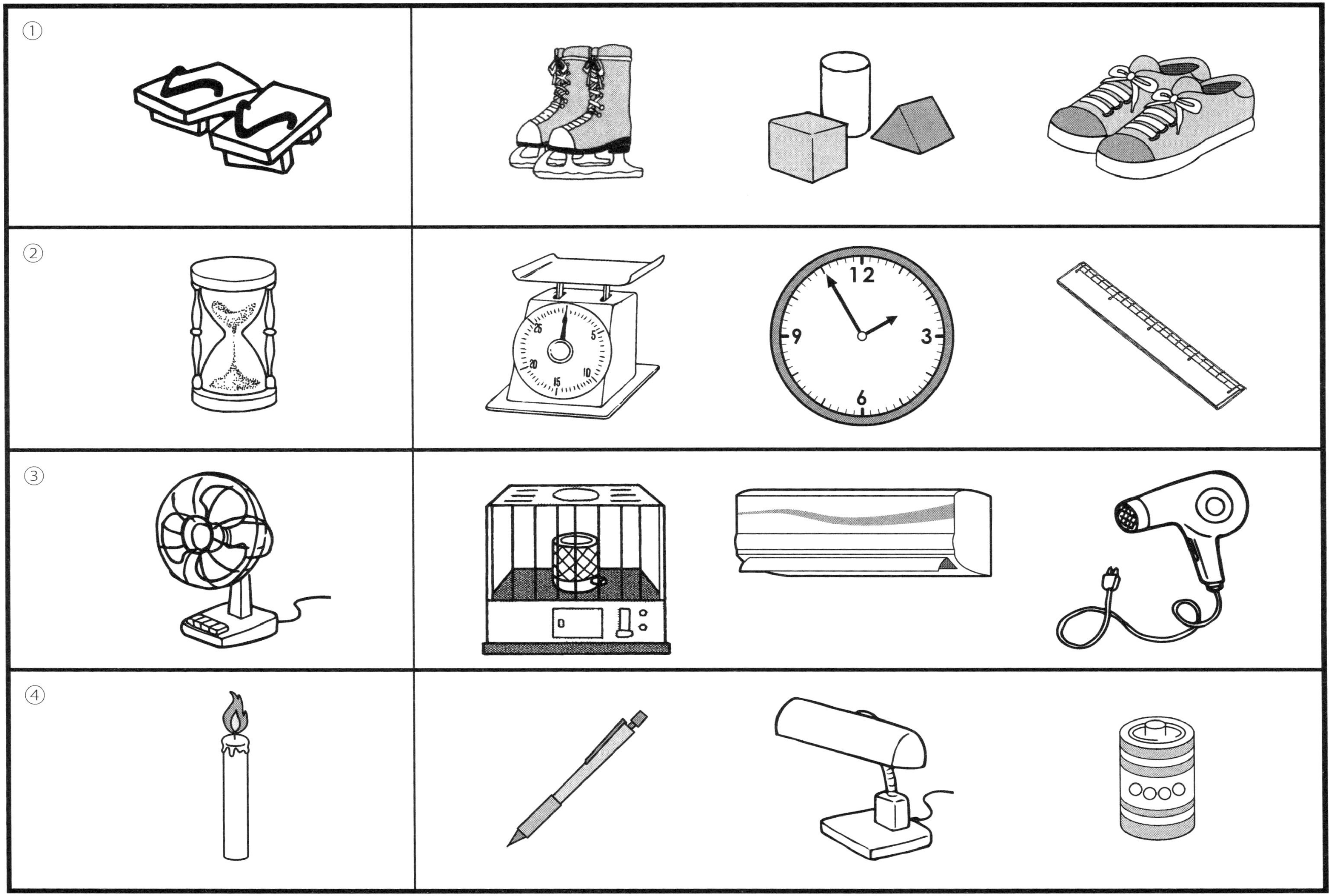

日本学習図書株式会社

2022 年度　東京都市大付　過去　無断複製／転載を禁ずる　日本学習図書株式会社

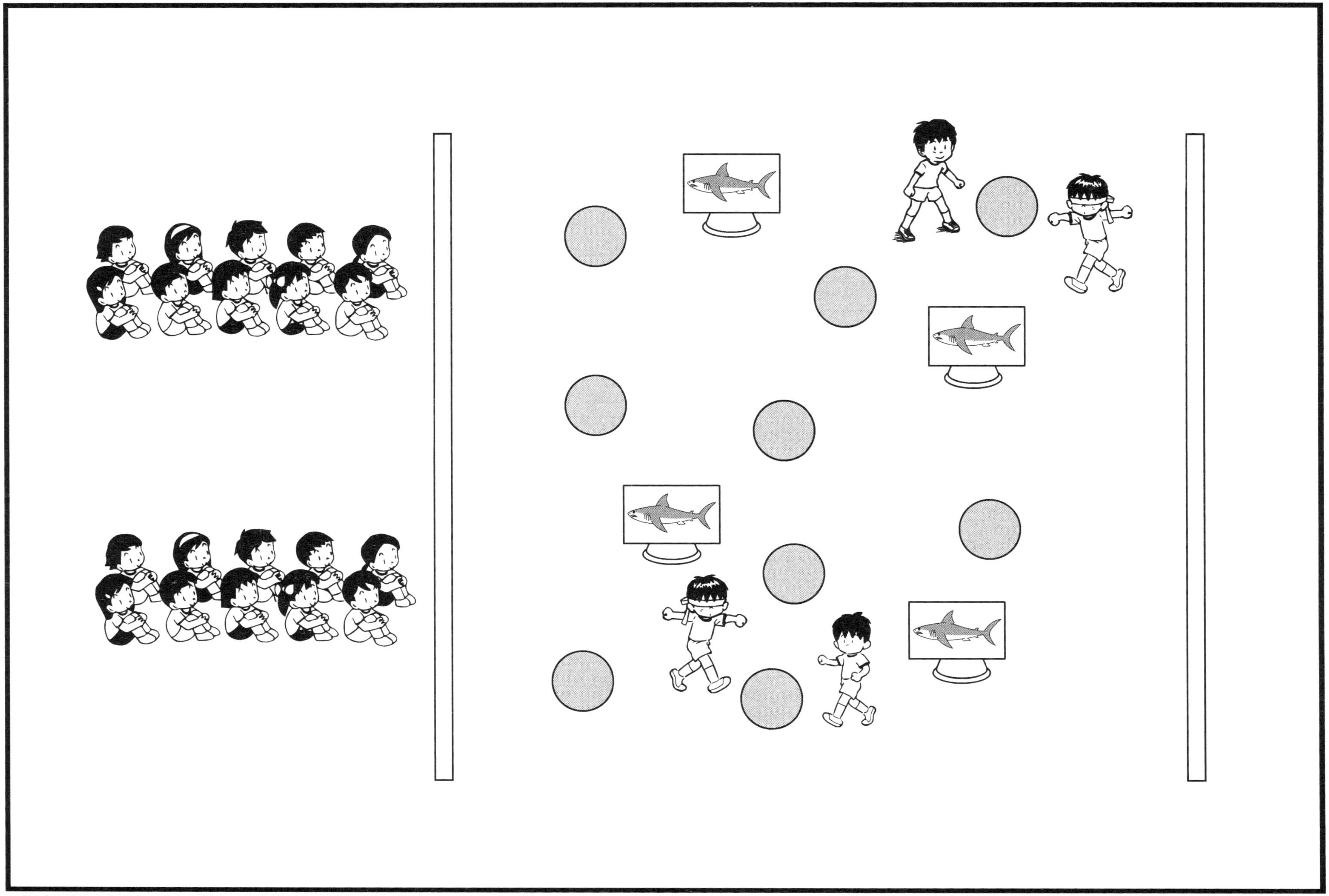

③

④

①

②

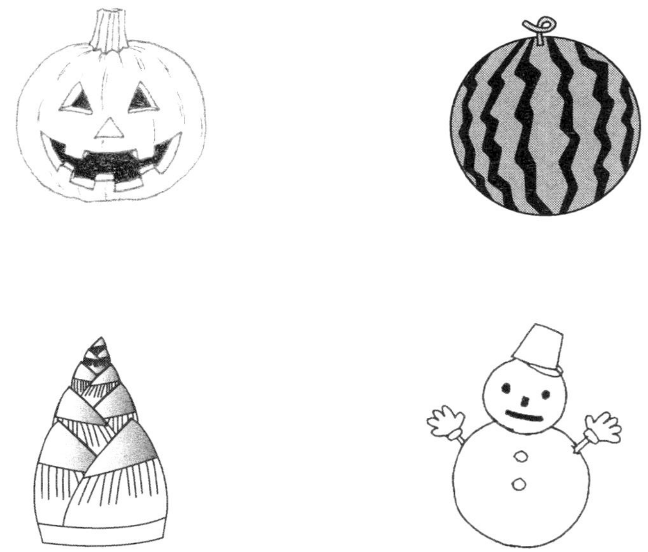

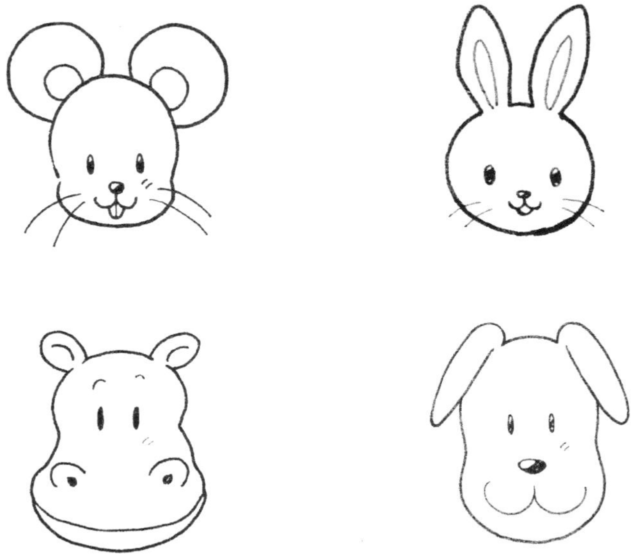

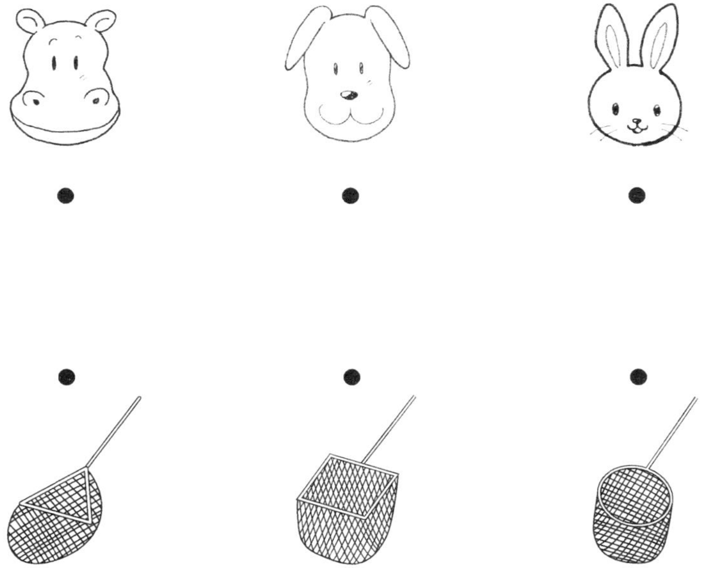

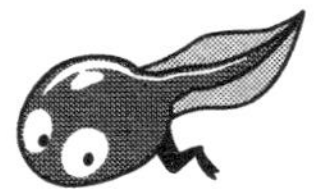

2022 年度 東京都市大付 過去 無断複製／転載を禁ずる 日本学習図書株式会社

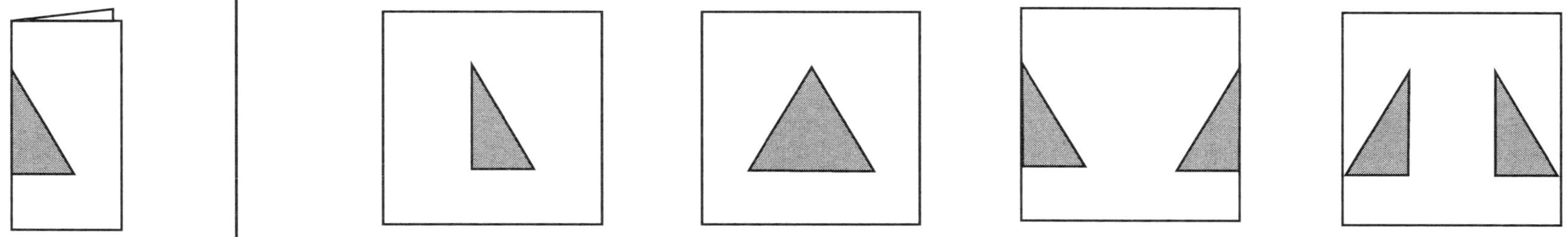

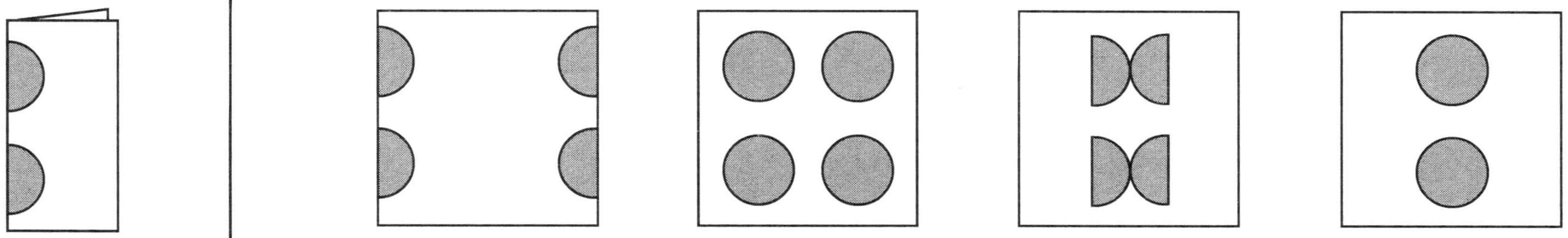

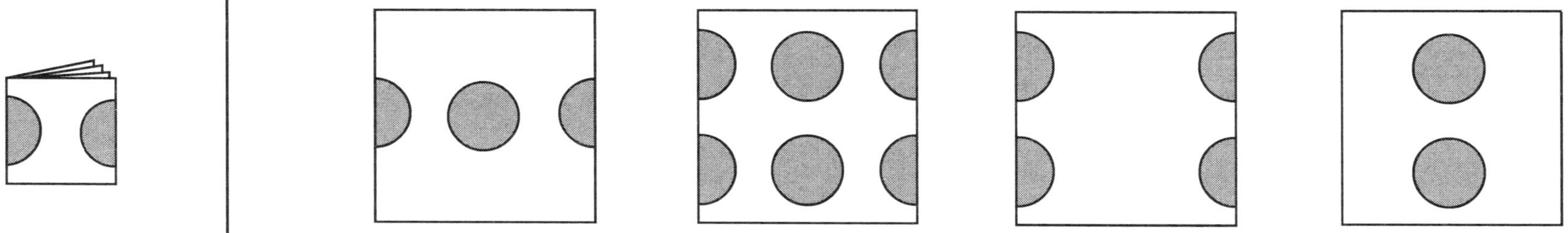

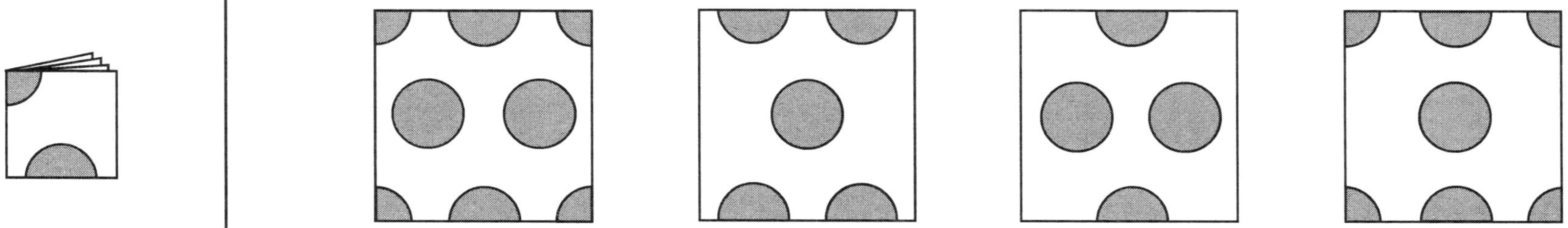

問題２４

 → ☆　　 → ○　　 →

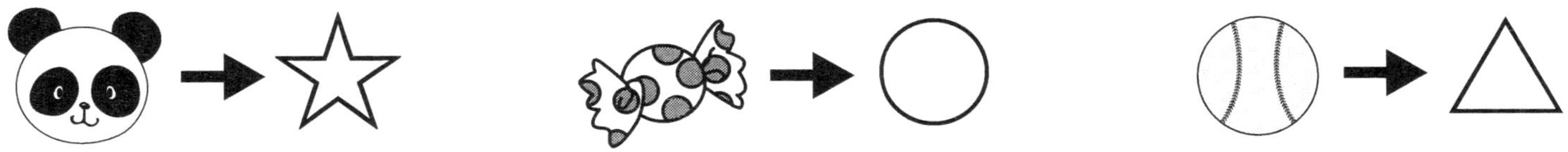

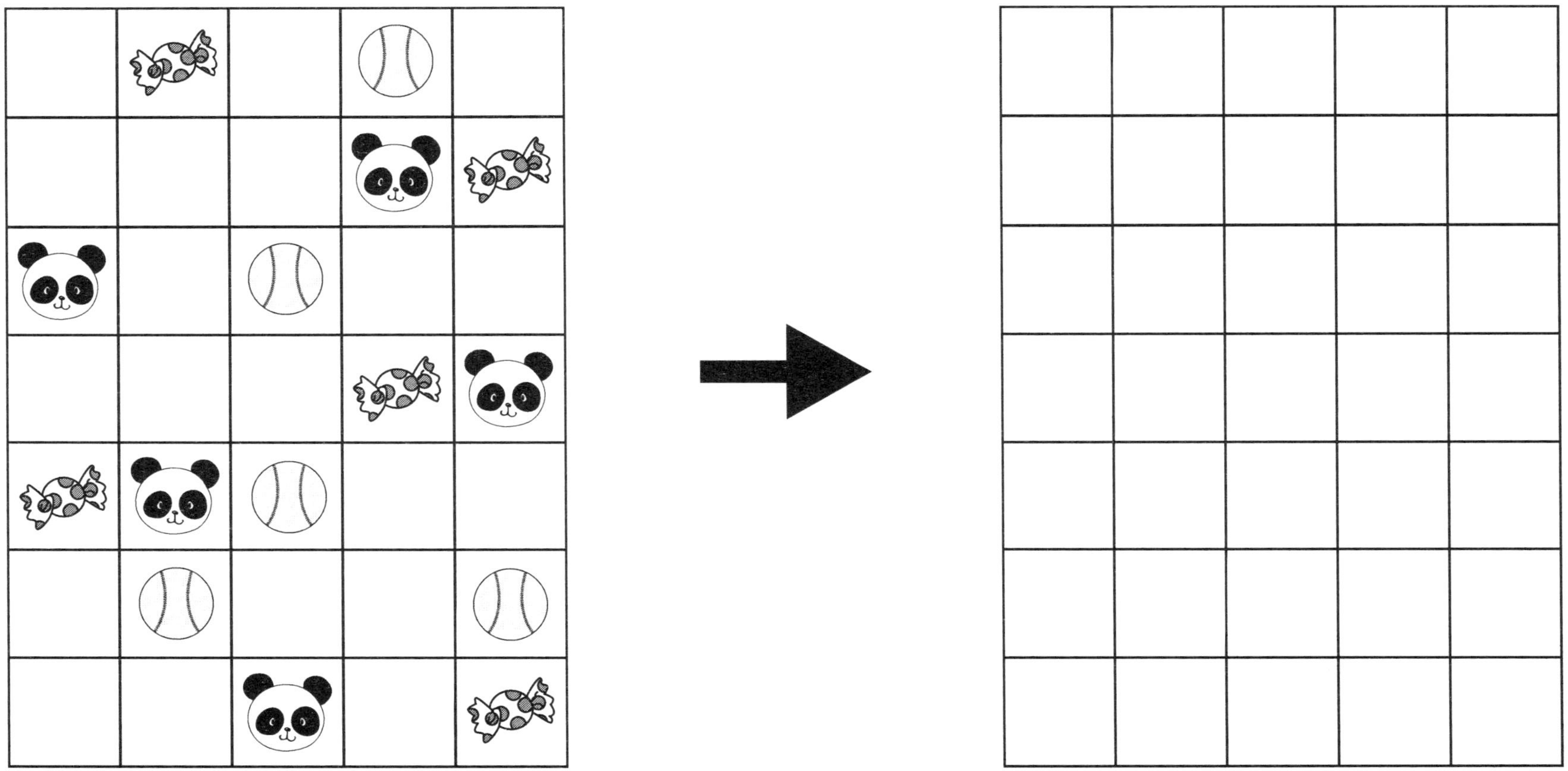

問題２５

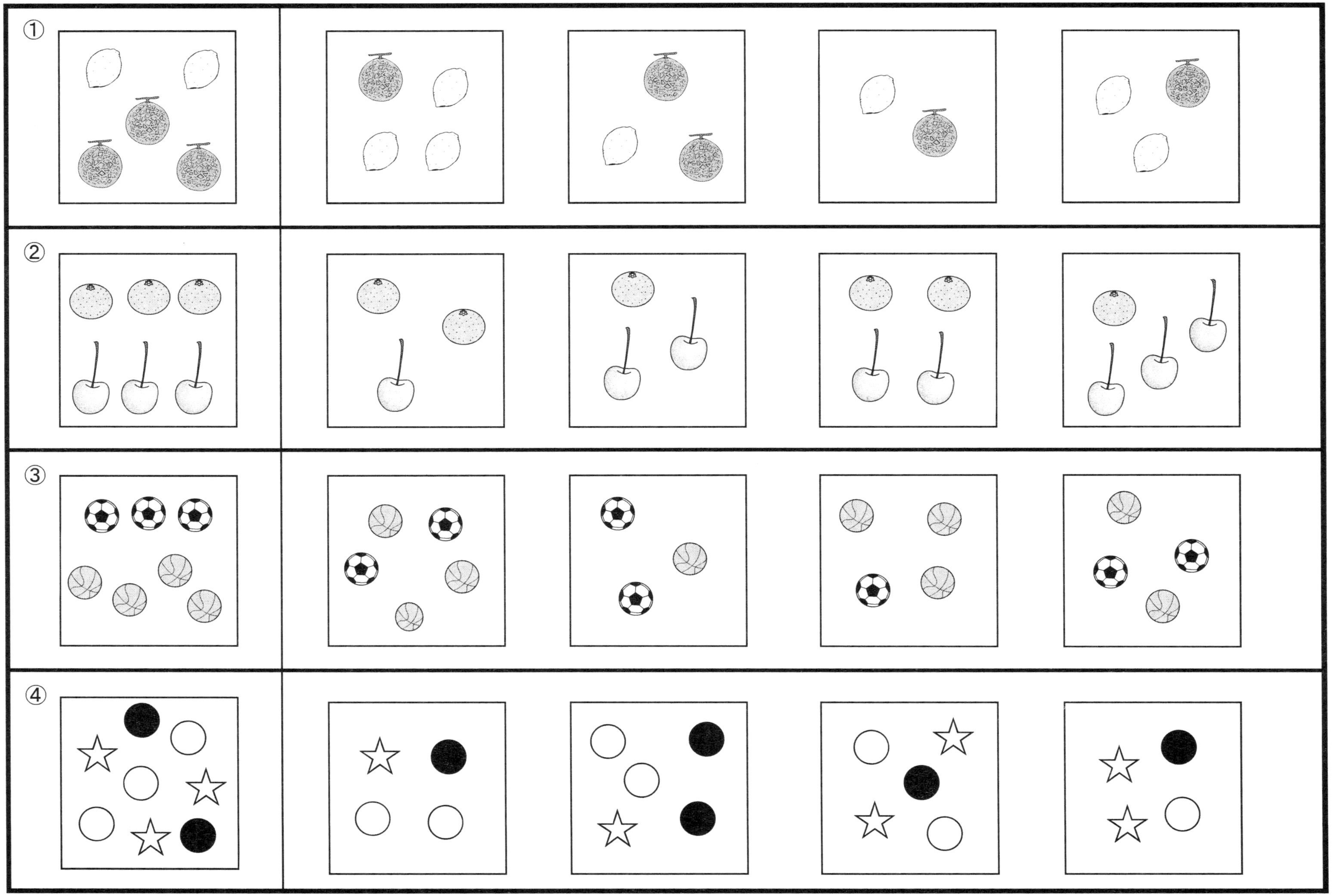

日本学習図書株式会社

問題２６

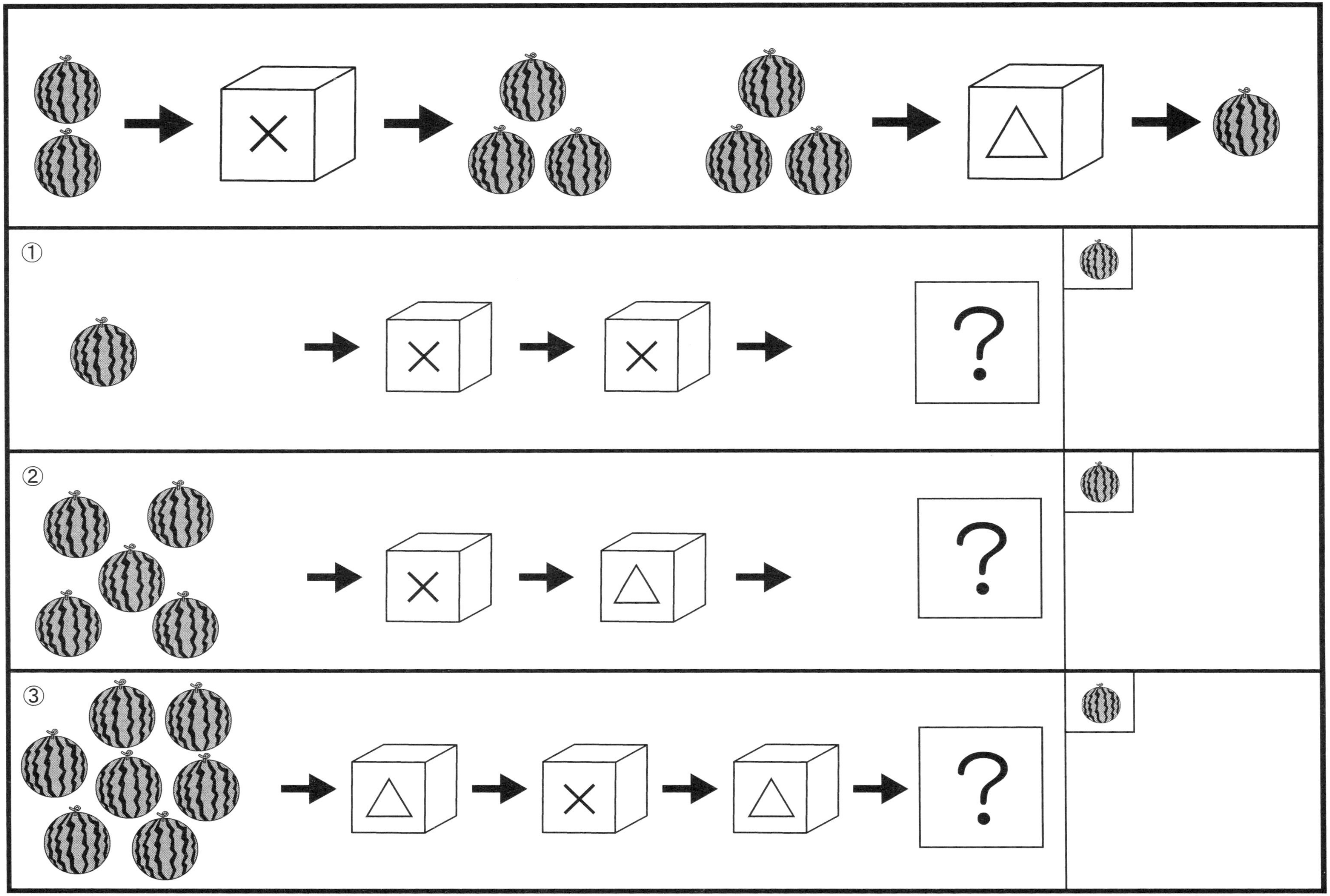

問題２７

①

②

問題２８

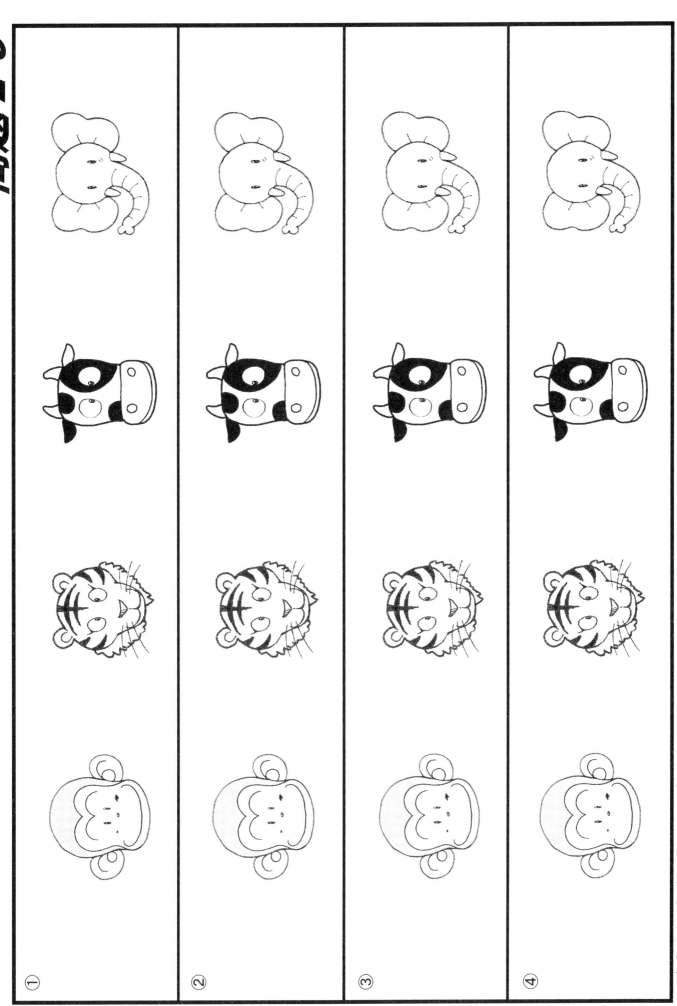

①

②

③

④

問題２９

①

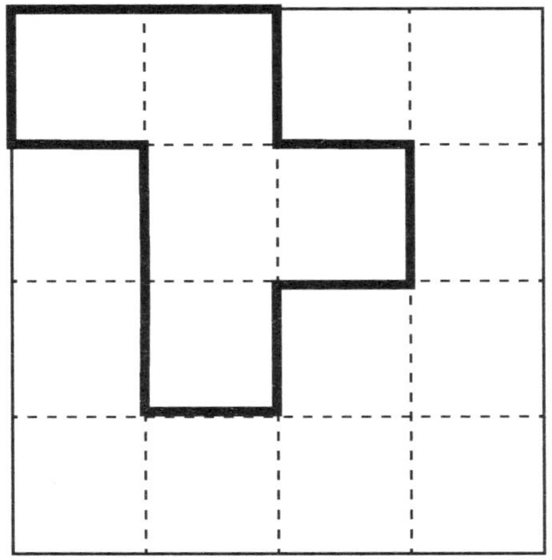

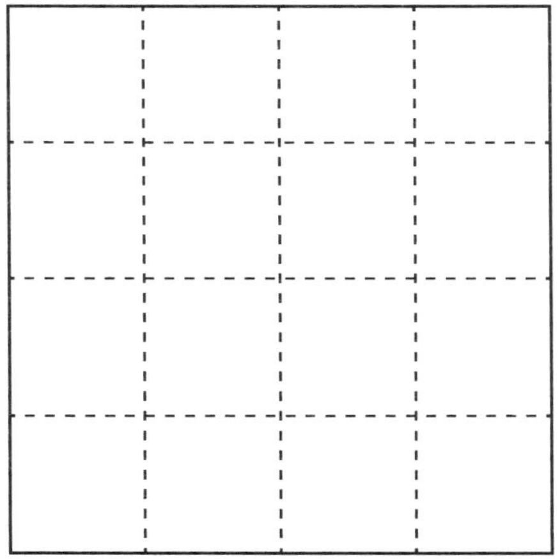

②

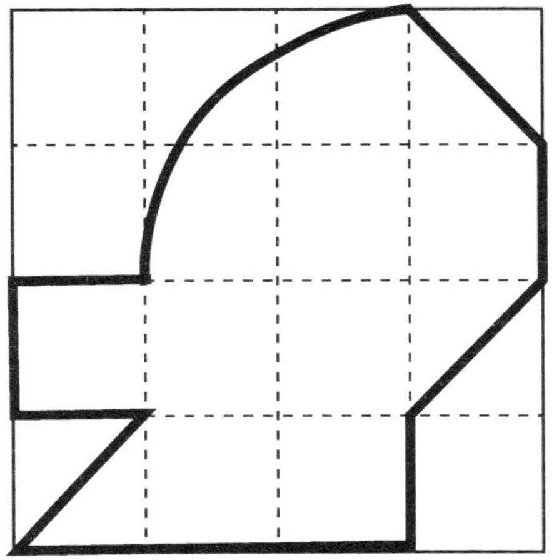

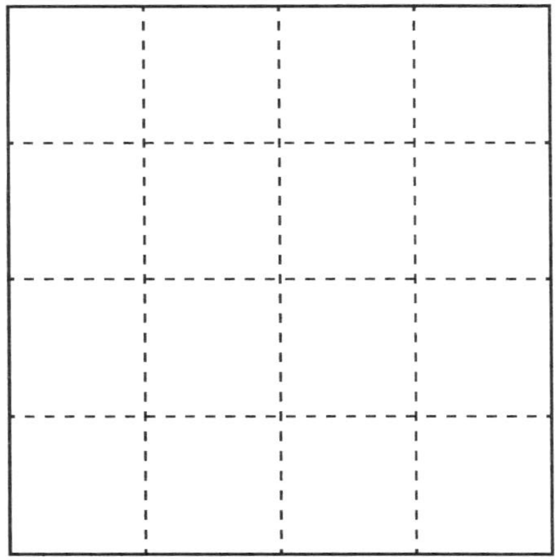

③

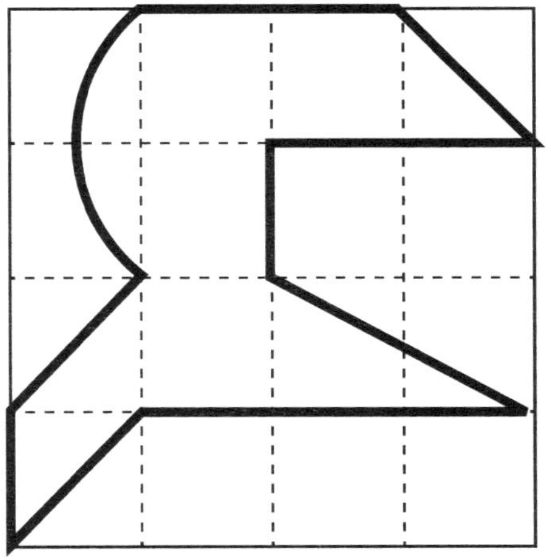

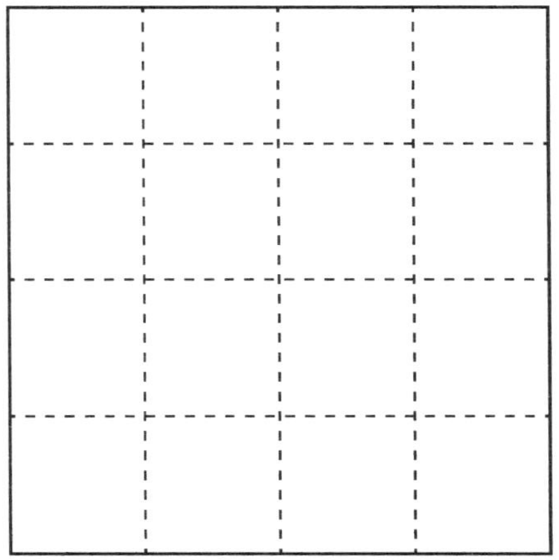

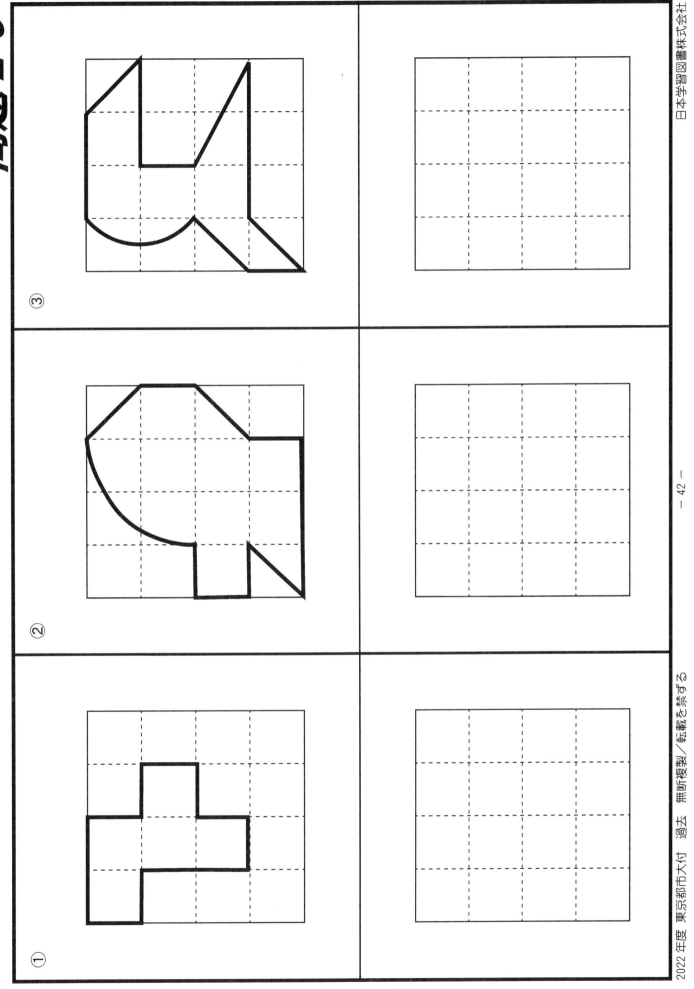

問題32

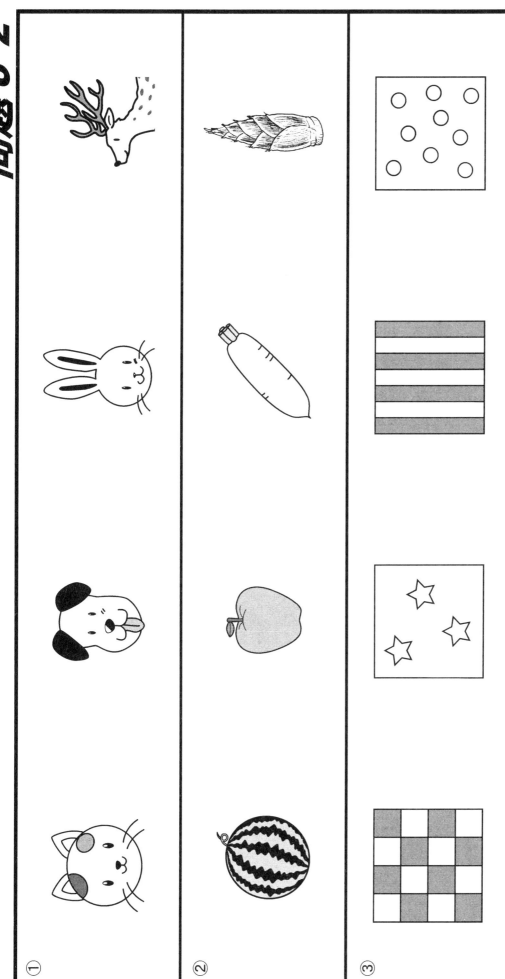

①

②

③

④

問題３３

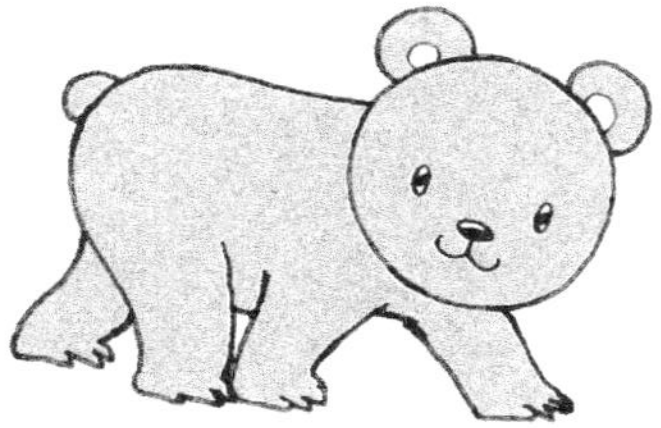
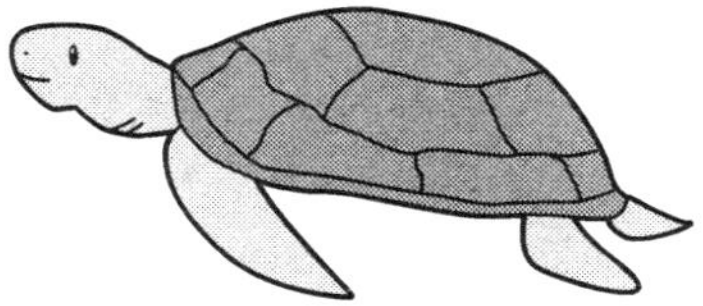

問題 3 4

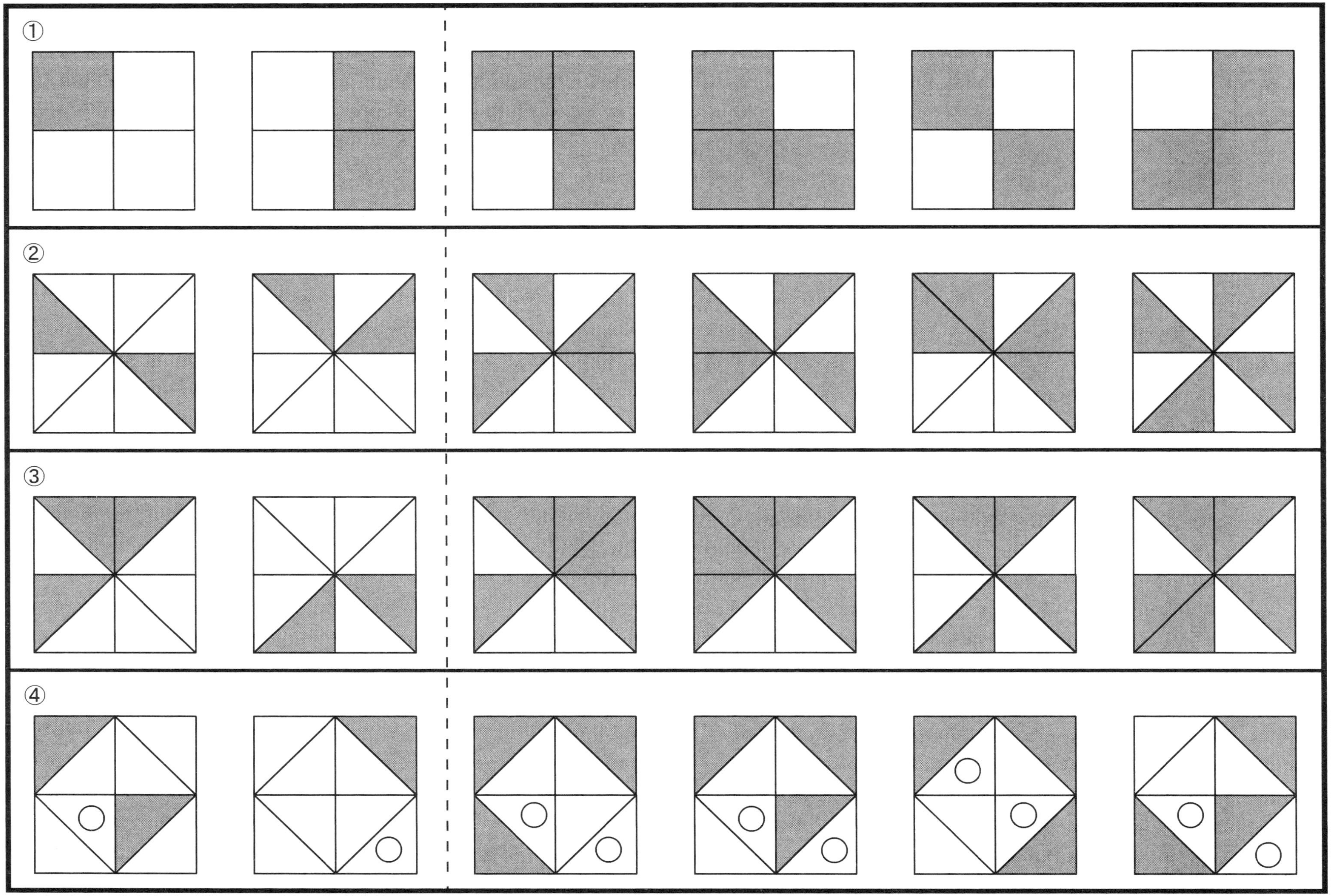

③

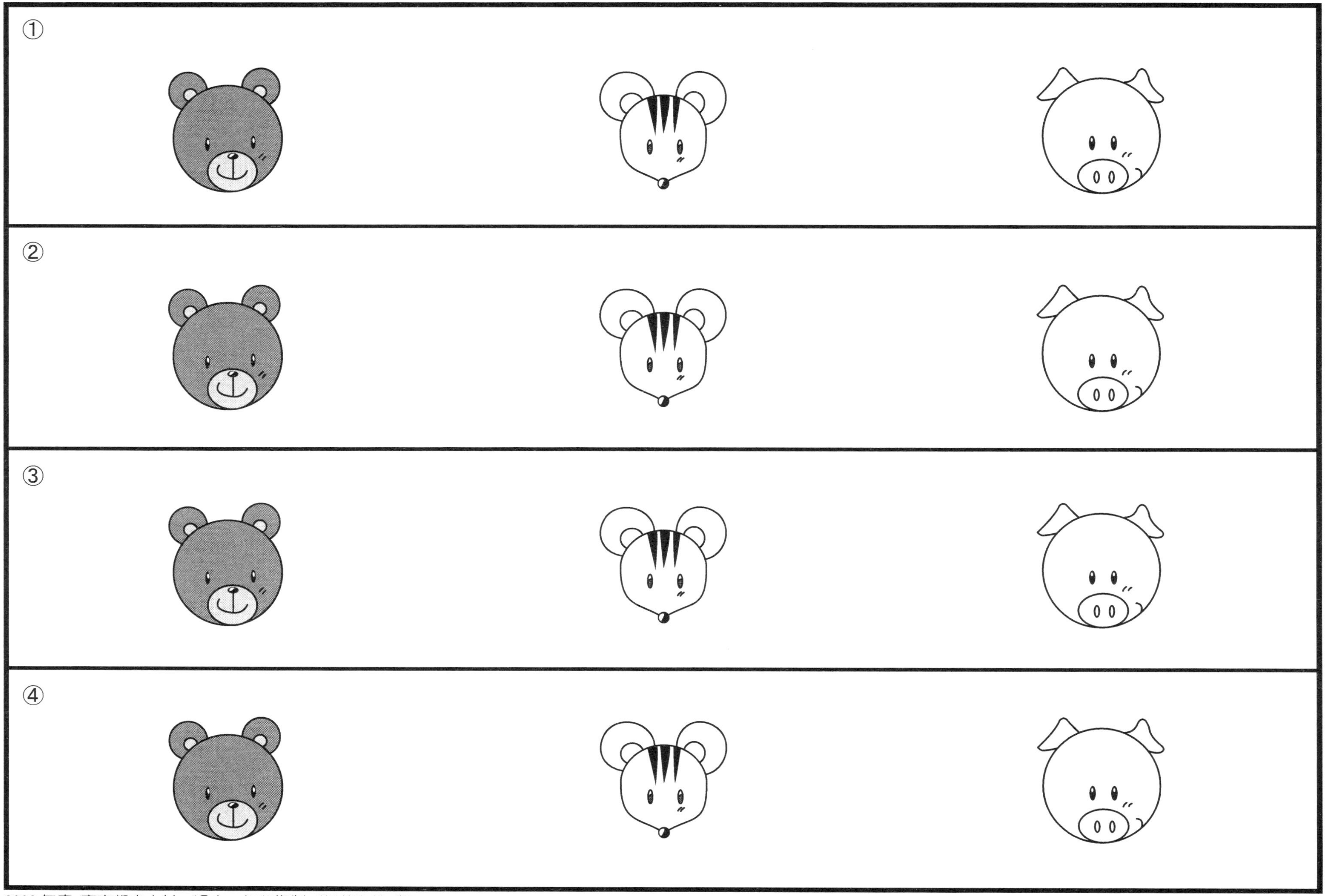

2022 年度　東京都市大付　過去　無断複製／転載を禁ずる　日本学習図書株式会社

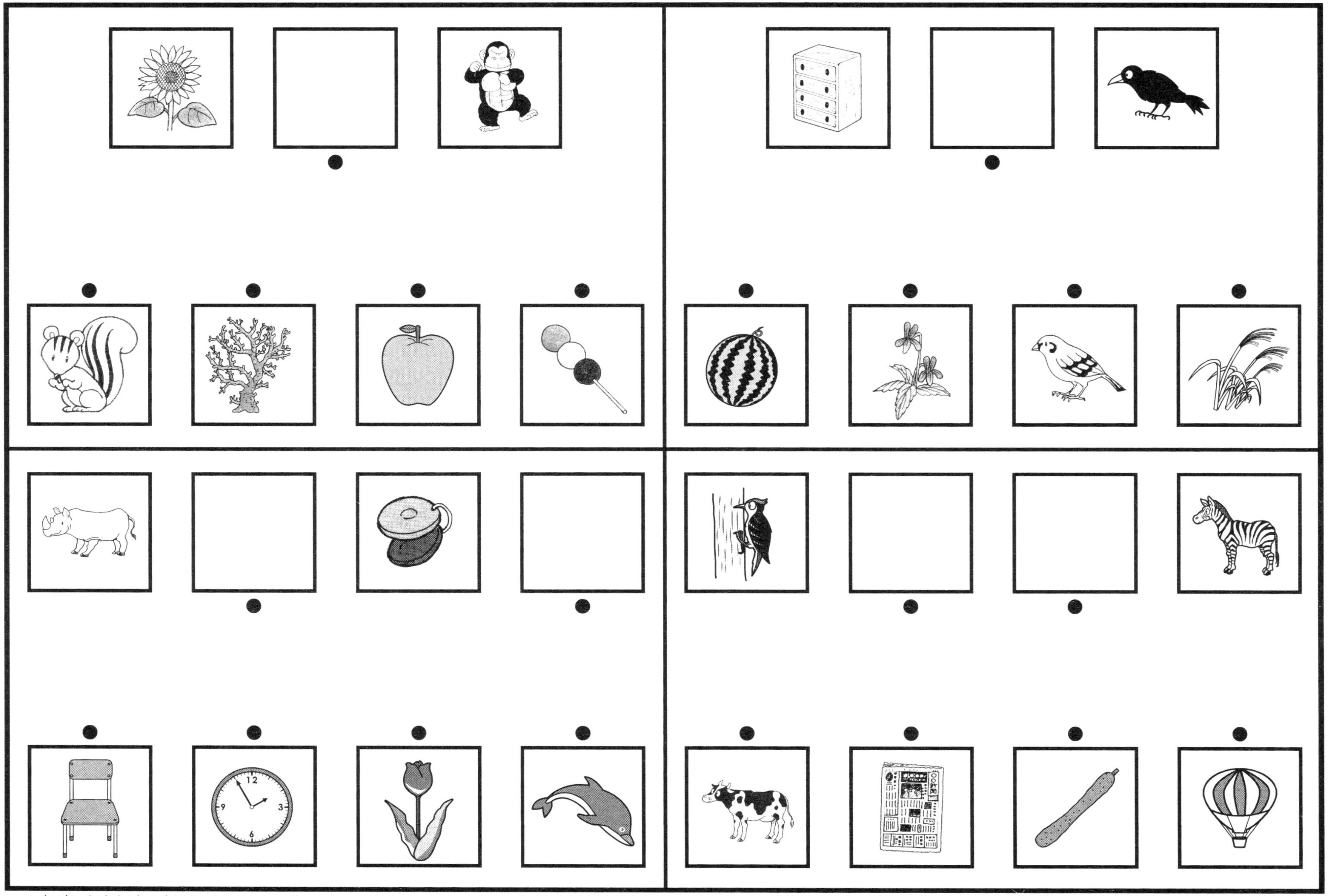

問題37

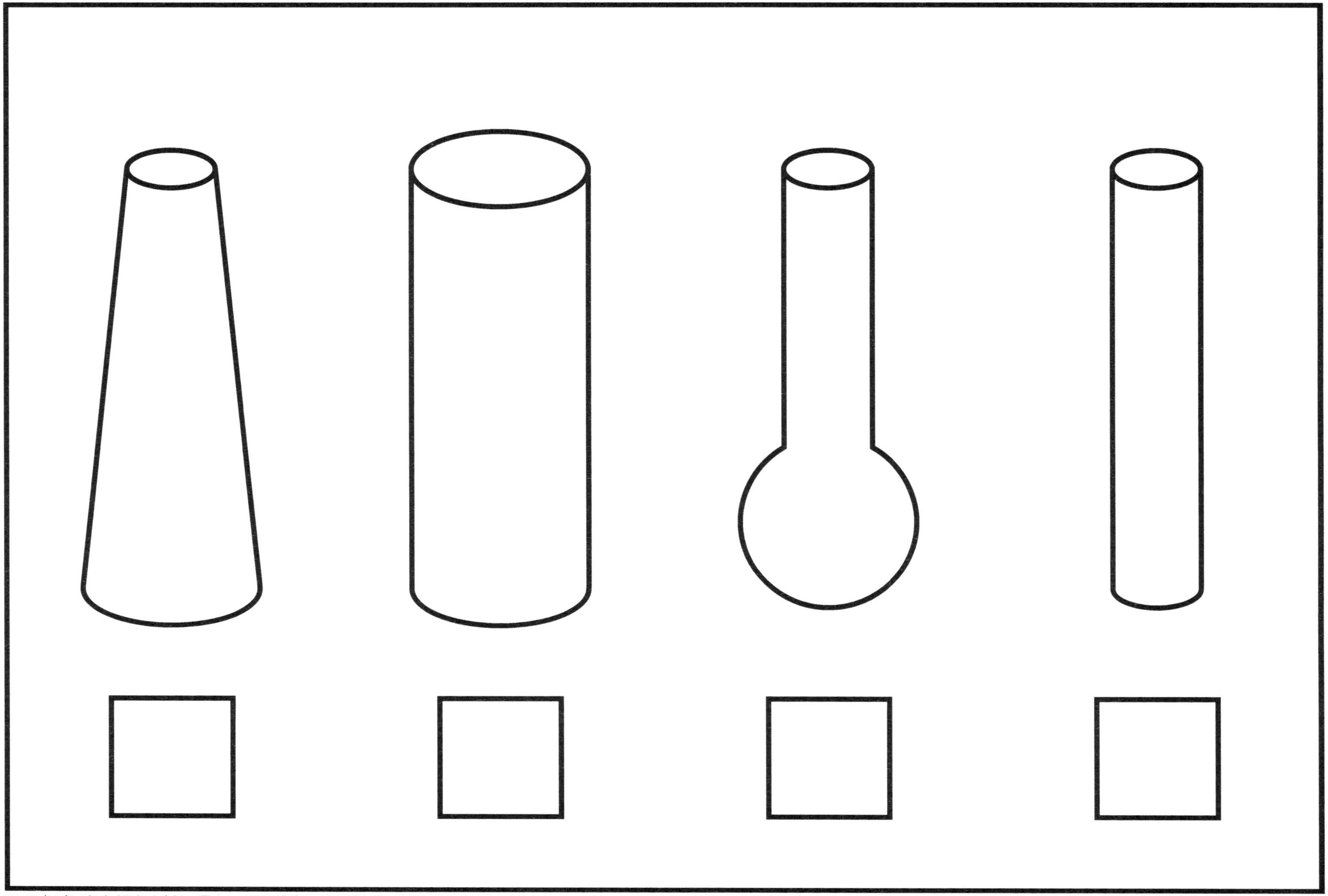

問題38

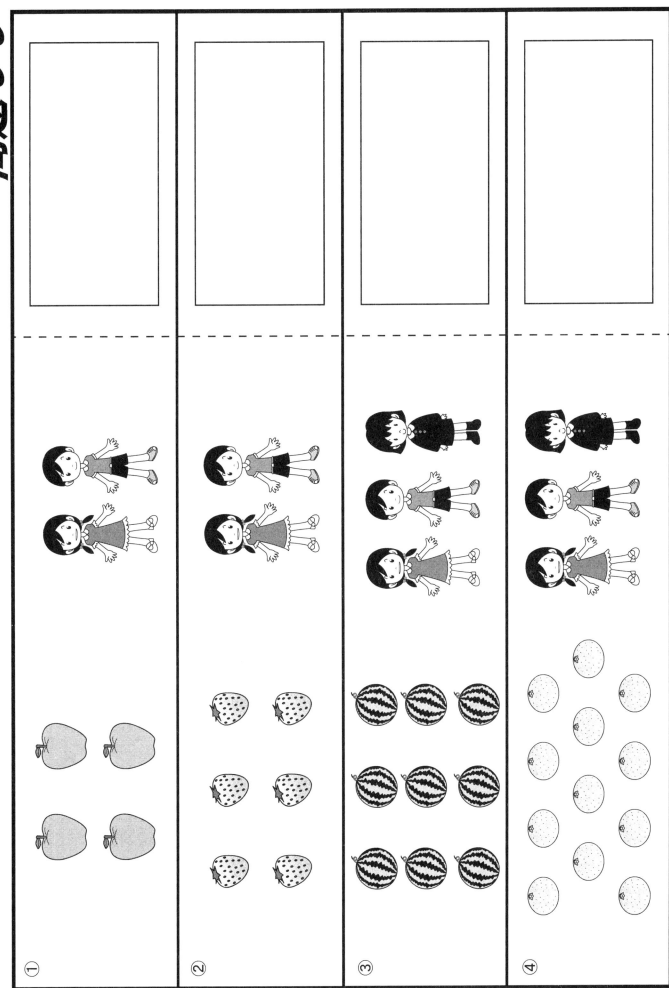

①

②

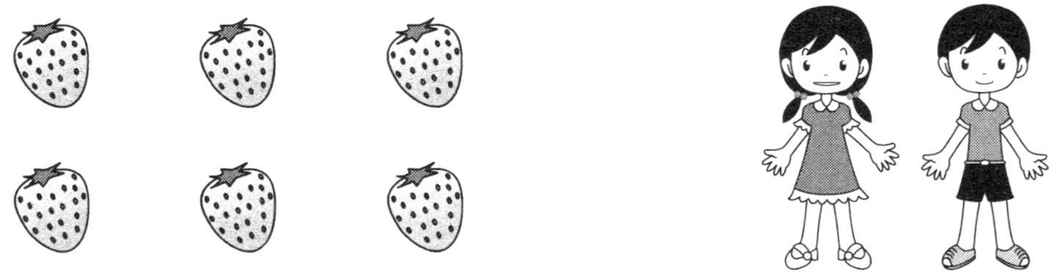

③

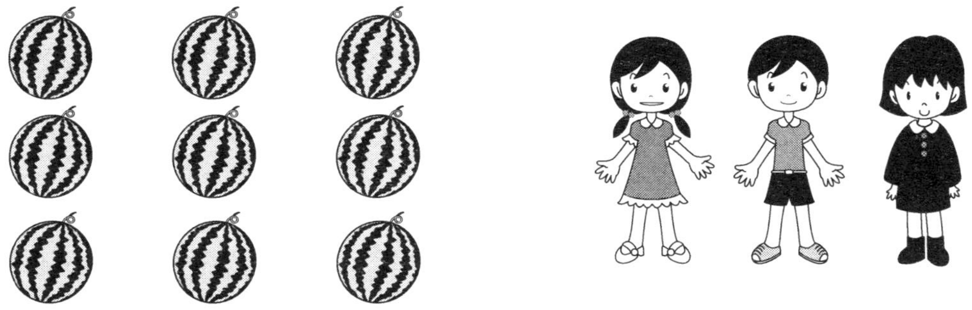

④

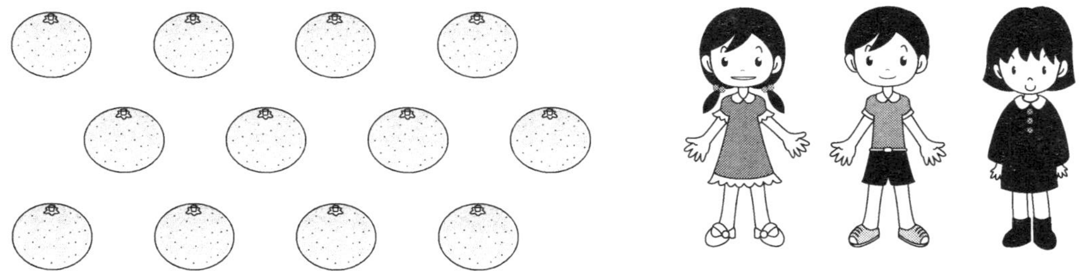

日本学習図書株式会社

2022 年度 東京都市大付 過去 無断複製／転載を禁ずる

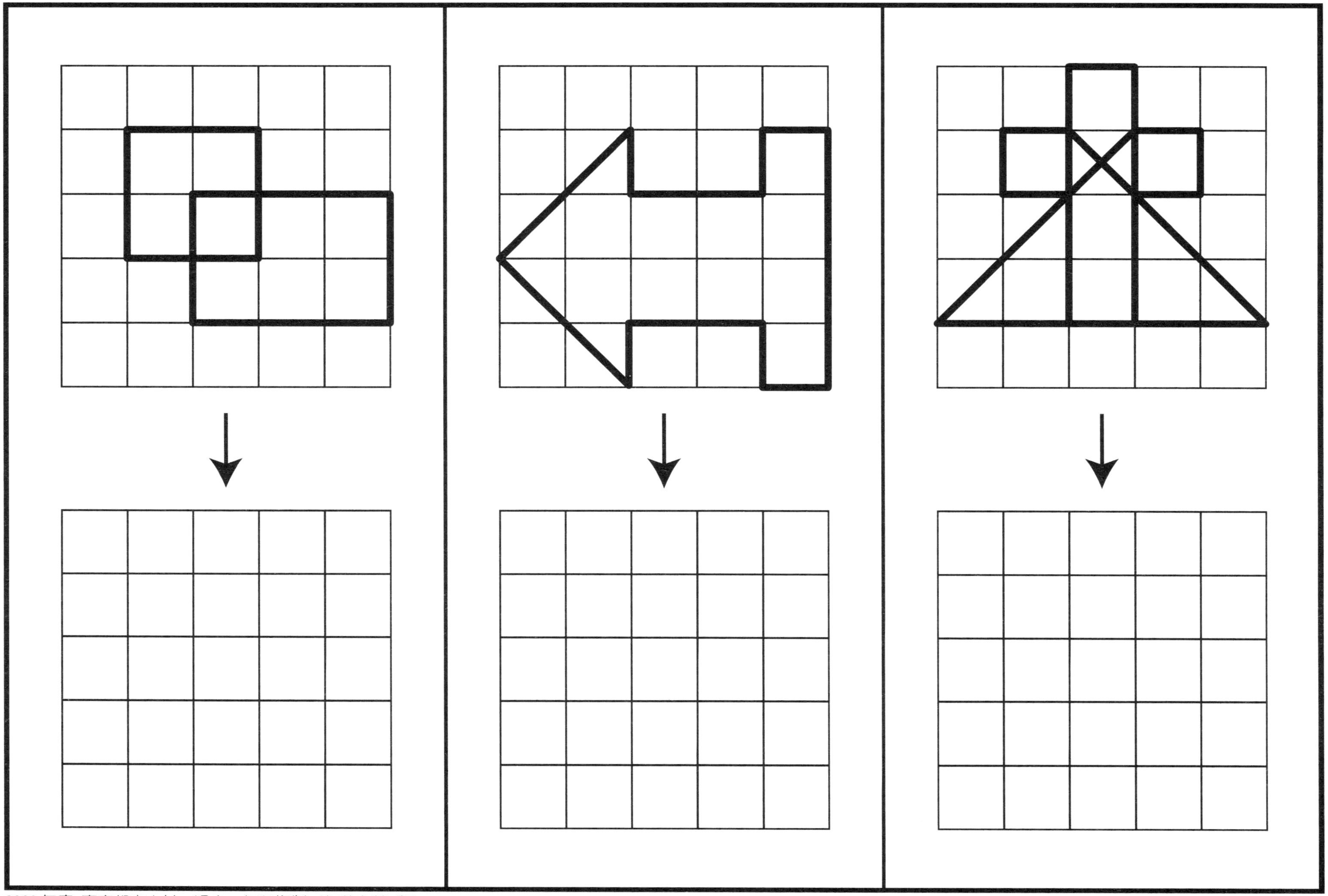

問題４０

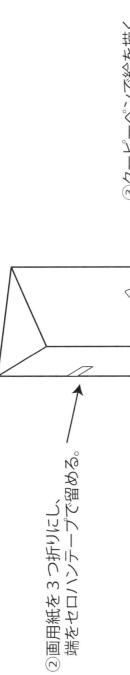

②画用紙を３つ折りにし、
端をセロハンテープで留める。

③クーピーペンで絵を描く。

④⑤２人で協力してドミノにする。

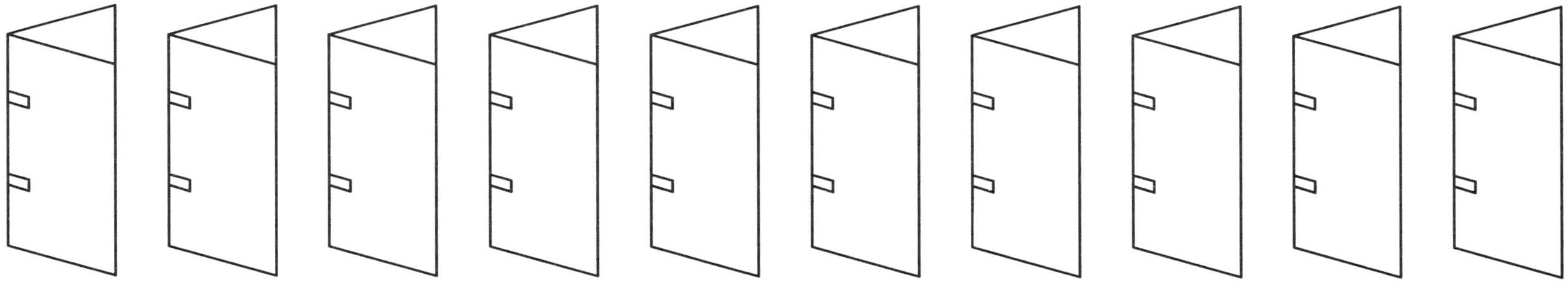

図書カード 1000 円分プレゼント

ご記入日 令和　　年　　月　　日

☆国・私立小学校受験アンケート☆

※可能な範囲でご記入下さい。選択肢は○で囲んで下さい。

〈小学校名〉＿＿＿＿＿＿＿＿＿＿＿＿＿＿　〈お子さまの性別〉男・女　〈誕生月〉＿＿月

〈その他の受験校〉（複数回答可）＿＿＿＿＿＿＿＿＿＿＿＿＿＿＿＿＿＿＿＿

〈受験日〉①：＿＿月＿＿日　〈時間〉＿＿時＿＿分　～　＿＿時＿＿分

②：＿＿月＿＿日　〈時間〉＿＿時＿＿分　～　＿＿時＿＿分

〈受験者数〉　男女計＿＿名　（男子＿＿名　女子＿＿名）

〈お子さまの服装〉＿＿＿＿＿＿＿＿＿＿＿＿＿＿＿＿＿＿

〈入試全体の流れ〉（記入例）準備体操→行動観察→ペーパーテスト

＿＿＿＿＿＿＿＿＿＿＿＿＿＿＿＿＿＿＿＿＿＿＿＿＿＿＿＿

Eメールによる情報提供

日本学習図書では、Eメールでも入試情報を募集しております。

下記のアドレスに、アンケートの内容をご入力の上、メールをお送り下さい。

ojuken@nichigaku.jp

●行動観察　（例）好きなおもちゃで遊ぶ・グループで協力するゲームなど

〈実施日〉＿＿月＿＿日　〈時間〉＿＿時＿＿分　～　＿＿時＿＿分　〈着替え〉□有　□無

〈出題方法〉　□肉声　□録音　□その他（　　　　　　）　〈お手本〉□有　□無

〈試験形態〉　□個別　□集団（　　　人程度）　〈会場図〉

〈内容〉

□自由遊び

＿＿＿＿＿＿＿＿＿＿＿＿＿＿＿＿＿＿＿＿

□グループ活動

＿＿＿＿＿＿＿＿＿＿＿＿＿＿＿＿＿＿＿＿

□その他

＿＿＿＿＿＿＿＿＿＿＿＿＿＿＿＿＿＿＿＿

●運動テスト（有・無）　（例）跳び箱・チームでの競争など

〈実施日〉＿＿月＿＿日　〈時間〉＿＿時＿＿分　～　＿＿時＿＿分　〈着替え〉□有　□無

〈出題方法〉　□肉声　□録音　□その他（　　　　　　）　〈お手本〉□有　□無

〈試験形態〉　□個別　□集団（　　　人程度）　〈会場図〉

〈内容〉

□サーキット運動

□走り　□跳び箱　□平均台　□ゴム跳び

□マット運動　□ボール運動　□なわ跳び

□クマ歩き

□グループ活動＿＿＿＿＿＿＿＿＿＿＿＿＿＿＿＿

□その他＿＿＿＿＿＿＿＿＿＿＿＿＿＿＿＿＿＿

●知能テスト・口頭試問

〈実施日〉 ＿月＿日 〈時間〉 ＿時＿分 ～ ＿時＿分 〈お手本〉□有 □無

〈出題方法〉 □肉声 □録音 □その他（　　　　　）〈問題数〉 ＿枚 ＿問

分野	方法	内容	詳細・イラスト
(例) お話の記憶	☑筆記 □口頭	動物たちが待ち合わせをする話	(あらすじ) 動物たちが待ち合わせをした。最初にウサギさんが来た。次にイヌくんが、その次にネコさんが来た。最後にタヌキくんが来た。 (問題・イラスト) ３番目に来た動物は誰か 
お話の記憶	□筆記 □口頭		(あらすじ) (問題・イラスト)
図形	□筆記 □口頭		
言語	□筆記 □口頭		
常識	□筆記 □口頭		
数量	□筆記 □口頭		
推理	□筆記 □口頭		
その他	□筆記 □口頭		

●制作　（例）ぬり絵・お絵かき・工作遊びなど

〈実施日〉＿＿月＿＿日〈時間〉＿＿時＿＿分＿～＿＿時＿＿分

〈出題方法〉□肉声 □録音 □その他（　　　　　）〈お手本〉□有 □無

〈試験形態〉□個別 □集団（　　　人程度）

材料・道具	制作内容
□ハサミ □のり（□つぼ □液体 □スティック） □セロハンテープ □鉛筆 □クレヨン（　色） □クーピーペン（　色） □サインペン（　色）□ □画用紙（□ A4 □ B4 □ A3 □その他：　　　　） □折り紙 □新聞紙 □粘土 □その他（　　　　　）	□切る □貼る □塗る □ちぎる □結ぶ □描く □その他（　　　　　） タイトル：＿＿＿＿＿＿＿＿＿＿

●面接

〈実施日〉＿＿月＿＿日〈時間〉＿＿時＿＿分＿～＿＿時＿＿分〈面接担当者〉＿＿＿名

〈試験形態〉□志願者のみ（　　）名 □保護者のみ □親子同時 □親子別々

〈質問内容〉

□志望動機　□お子さまの様子

□家庭の教育方針

□志望校についての知識・理解

□その他（　　　　　　　　　）

（　詳　細　）

・

・

・

・

※試験会場の様子をご記入下さい。

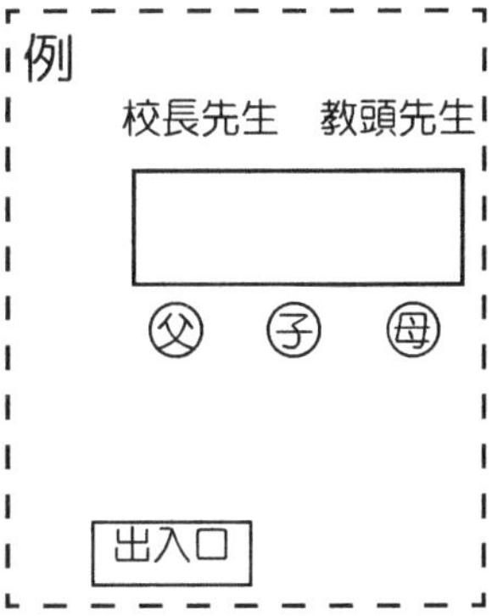

●保護者作文・アンケートの提出（有・無）

〈提出日〉□面接直前　□出願時　□志願者考査中　□その他（　　　　　　　）

〈下書き〉□有　□無

〈アンケート内容〉

（記入例）当校を志望した理由はなんですか（150 字）

●**説明会**（□有　□無）〈開催日〉＿＿月＿＿日〈時間〉＿＿時＿＿分　～　＿＿時＿＿分

〈上履き〉　□要　□不要　〈願書配布〉　□有　□無　〈校舎見学〉　□有　□無

〈ご感想〉

●**参加された学校行事**（複数回答可）

公開授業〈開催日〉＿＿月＿＿日〈時間〉＿＿時＿＿分　～　＿＿時＿＿分

運動会など〈開催日〉＿＿月＿＿日〈時間〉＿＿時＿＿分　～　＿＿時＿＿分

学習発表会・音楽会など〈開催日〉＿＿月＿＿日〈時間〉＿＿時＿＿分　～　＿＿時＿＿分

〈ご感想〉

※是非参加したほうがよいと感じた行事について

●**受験を終えてのご感想、今後受験される方へのアドバイス**

※対策学習（重点的に学習しておいた方がよい分野）、当日準備しておいたほうがよい物など

＊＊＊＊＊＊＊＊＊＊＊＊＊　ご記入ありがとうございました　＊＊＊＊＊＊＊＊＊＊＊＊＊

必要事項をご記入の上、ポストにご投函ください。

なお、本アンケートの送付期限は入試終了後３ヶ月とさせていただきます。また、入試に関する情報の記入量が当社の基準に満たない場合、謝礼の送付ができないことがございます。あらかじめご了承ください。

ご住所：〒＿＿＿＿＿＿＿＿＿＿＿＿＿＿＿＿＿＿＿＿

お名前：＿＿＿＿＿＿＿＿＿＿　メール：＿＿＿＿＿＿＿＿＿＿

ＴＥＬ：＿＿＿＿＿＿＿＿＿＿　ＦＡＸ：＿＿＿＿＿＿＿＿＿＿

アンケートのご記入
ありがとうございました

分野別 小学入試練習帳 ジュニアウォッチャー

1．点・線図形	小学校入試で出題頻度の高い『点・線図形』の模写を、難易度の低いものから段階別に幅広く練習することができるように構成。
2．座標	図形の位置模写という作業を、難易度の低いものから段階別に練習できるように構成。
3．パズル	様々なパズルの問題を難易度の低いものから段階別に練習できるように構成。
4．同図形探し	小学校入試で出題頻度の高い、同図形選びの問題を繰り返し練習できるように構成。
5．回転・展開	図形などを回転、または展開したとき、形がどのように変化するかを学習し、理解を深められるように構成。
6．系列	数、図形などの様々な系列問題を、難易度の低いものから段階別に練習できるように構成。
7．迷路	迷路の問題を繰り返し練習できるように構成。
8．対称	対称に関する問題を４つのテーマに分類し、各テーマごとに問題を段階別に練習できるように構成。
9．合成	図形の合成に関する問題を、難易度の低いものから段階別に練習できるように構成。
10．四方からの観察	もの（立体）を様々な角度から見て、どのように見えるかを推理する問題を段階別に整理し、１つの形式で複数の問題を練習できるように構成。
11．いろいろな仲間	ものや動物、植物の共通点を見つけ、分類していく問題を中心に構成。
12．日常生活	日常生活における様々な問題を６つのテーマに分類し、各テーマごとに一つの問題形式で複数の問題を練習できるように構成。
13．時間の流れ	『時間』に着目し、様々なものごとは、時間が経過するとどのように変化するのかということを学習し、理解できるように構成。
14．数える	様々なものを『数える』ことから、数の多少の判定やかけ算、わり算の基礎までを練習できるように構成。
15．比較	比較に関する問題を５つのテーマ（数、高さ、長さ、量、重さ）に分類し、各テーマごとに問題を段階別に練習できるように構成。
16．積み木	数える対象を積み木に限定した問題集。
17．言葉の音遊び	言葉の音に関する問題を５つのテーマに分類し、各テーマごとに問題を段階別に練習できるように構成。
18．いろいろな言葉	表現力をより豊かにするいろいろな言葉として、擬態語や擬声語、同音異義語、反意語、数詞を取り上げた問題集。
19．お話の記憶	お話を聴いてその内容を記憶、理解し、設問に答える形式の問題集。
20．見る記憶・聴く記憶	「見て憶える」「聴いて憶える」という『記憶』分野に特化した問題集。
21．お話作り	いくつかの絵を元にしてお話を作る練習をして、想像力を養うことができるように構成。
22．想像画	描かれてある形や景色に好きな絵を描くことにより、想像力を養うことができるように構成。
23．切る・貼る・塗る	小学校入試で出題頻度の高い、はさみやのりなどを用いた巧緻性の問題を繰り返し練習できるように構成。
24・絵画	小学校入試で出題頻度の高い、お絵かきやぬり絵などクレヨンやクーピーペンを用いた巧緻性の問題を繰り返し練習できるように構成。
25．生活巧緻性	小学校入試で出題頻度の高い日常生活の様々な場面における巧緻性の問題集。
26．文字・数字	ひらがなの清音、濁音、拗音、拗長音、促音と１～20までの数字に焦点を絞り、練習できるように構成。
27．理科	小学校入試で出題頻度が高くなりつつある理科の問題を集めた問題集。
28．運動	出題頻度の高い運動問題を種目別に分けて構成。
29．行動観察	項目ごとに問題提起をし、「このような時はどうか、あるいはどう対処するのか」の観点から問いかける形式の問題集。
30．生活習慣	学校から家庭に提起された問題と思って、一問一問絵を見ながら話し合い、考える形式の問題集。

31．推理思考	数、量、言語、常識（含理科、一般）など、諸々のジャンルから問題を構成し、近年の小学校入試問題傾向に沿って構成。
32．ブラックボックス	箱や筒の中を通ると、どのようなお約束でどのように変化するかを推理・思考する問題集。
33．シーソー	重さの違うものをシーソーに乗せた時どちらに傾くのか、またどうすればシーソーは釣り合うのかを思考する基礎的な問題集。
34．季節	様々な行事や植物などを季節別に分類できるように知識をつける問題集。
35．重ね図形	小学校入試で頻繁に出題されている「図形を重ね合わせてできる形」についての問題を集めました。
36．同数発見	様々な物を数え「同じ数」を発見し、数の多少の判断や数の認識の基礎を学べるように構成した問題集。
37．選んで数える	数の学習の基本となる、いろいろなものの数を正しく数える学習を行う問題集。
38．たし算・ひき算１	数字を使わず、たし算とひき算の基礎を身につけるための問題集。
39．たし算・ひき算２	数字を使わず、たし算とひき算の基礎を身につけるための問題集。
40．数を分ける	数を等しく分ける問題です。等しく分けたときに余りが出るものもあります。
41．数の構成	ある数がどのような数で構成されているか学んでいきます。
42．一対多の対応	一対一の対応から、一対多の対応まで、かけ算の考え方の基礎学習を行います。
43．数のやりとり	あげたり、もらったり、数の変化をしっかりと学びます。
44．見えない数	指定された条件から数を導き出します。
45．図形分割	図形の分割に関する問題集。パズルや合成の分野にも通じる様々な問題を集めました。
46．回転図形	「回転図形」に関する問題集。やさしい問題から始め、いくつかの代表的なパターンから、段階を踏んで学習できるよう編集されています。
47．座標の移動	「マス目の指示通りに移動する問題」と「指示された数だけ移動する問題」を収録。
48．鏡図形	鏡で左右反転させた時の見え方を考えます。平面図形から立体図形、文字、絵まで。
49．しりとり	すべての学習の基礎となる「言葉」を学ぶこと、特に「語彙」を増やすことに重点をおき、さまざまなタイプの「しりとり」問題を集めました。
50．観覧車	観覧車やメリーゴーラウンドなどを舞台にした「回転系列」の問題集。「推理思考」分野の問題ですが、要素として「図形」や「数量」も含みます。
51．運筆①	鉛筆の持ち方を学び、点線なぞり、お手本を見ながらの模写で、線を引く練習をします。
52．運筆②	運筆①からさらに発展し、「欠所補完」や「迷路」などを楽しみながら、より複雑な鉛筆運びを習得することを目指します。
53．四方からの観察 積み木編	積み木を使用した「四方からの観察」に関する問題を練習できるように構成。
54．図形の構成	見本の図形がどのような部分によって形づくられているかを考えます。
55．理科②	理科的知識に関する問題を集中して練習する「常識」分野の問題集。
56．マナーとルール	道路や駅、公共の場でのマナー、安全や衛生に関する常識を学べるように構成。
57．置き換え	さまざまな具体的・抽象的事象を記号で表す「置き換え」の問題を扱います。
58．比較②	長さ・高さ・体積・数などを数学的な知識を使わず、論理的に推測する「比較」の問題を練習できるように構成。
59．欠所補完	線と線のつながり、欠けた絵に当てはまるものなどを求める「欠所補完」に取り組める問題集です。
60．言葉の音（おん）	しりとり、決まった順番の音をつなげるなど、「言葉の音」に関する問題に取り組める練習問題集です。

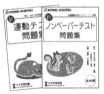

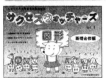

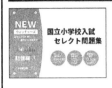

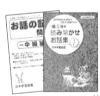

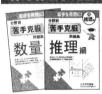

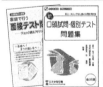

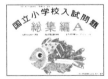

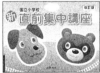

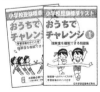

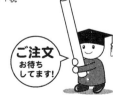

家庭学習をトータルサポート！ ニチガクのオリジナル 効果的 学習法

1 まずは アドバイスページを読む！

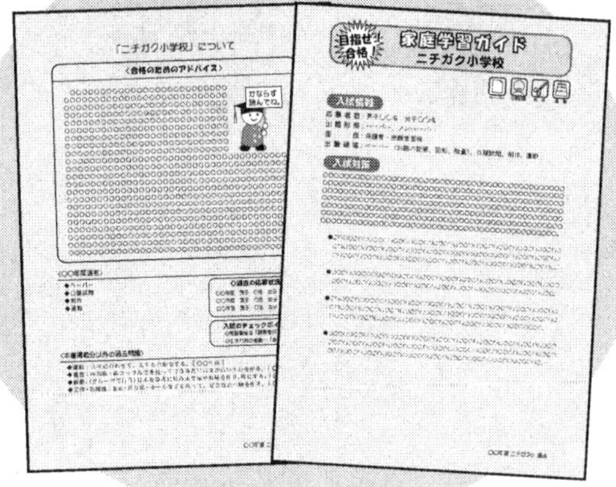

ピンク色です

対策や試験ポイントがぎっしりつまった「家庭学習ガイド」。しっかり読んで、試験の傾向をおさえよう！

2 問題をすべて読み、出題傾向を把握する

3 「学習のポイント」で学校側の観点や問題の解説を熟読

4 はじめて過去問題にチャレンジ！

5 プラスα 対策問題集や類題で力を付ける

過去問のこだわり

最新問題は問題ページ、イラストページ、解答・解説ページが独立しており、お子さまにすぐに取り掛かっていただける作りになっています。

ニチガクの学校別問題集ならではの、学習法を含めたアドバイスを利用して効率のよい家庭学習を進めてください。

各問題のジャンル

問題7 分野：図形（図形の構成） Aグループ男子

〈解 答〉 下図参照

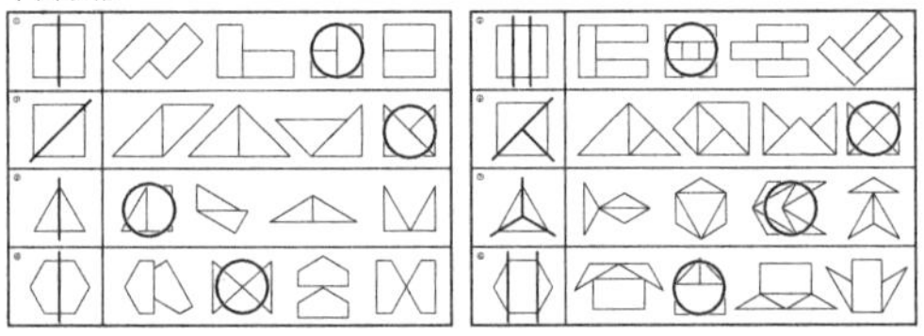

図形の構成の問題です。解答時間が圧倒的に短いので、直感的に答えないと全問答えることはできないでしょう。例年ほど難しい問題ではないので、ある程度準備をしたお子さまなら可能のはずです。注意すべきなのはケアレスミスで、「できないものはどれですか」と聞かれているのに、できるものに○をしたりしてはおしまいです。こういった問題では基礎とも言える問題なので、もしわからなかった場合は基礎問題を分野別の問題集などでおさらいしておきましょう。

【おすすめ問題集】

★ニチガク小学校図形攻略問題集①②★（書店では販売しておりません）

Jr・ウォッチャー9「合成」、54「図形の構成」

学習のポイント

各問題の解説や学校の観点、指導のポイントなどを教えます。
今日から保護者の方が家庭学習の先生に！

おすすめ対策問題集

分野ごとに対策問題集をご紹介。苦手分野の克服に最適です！
＊専用注文書付き。

2022年度版 東京都市大学付属小学校過去問題集

発行日 2021年5月31日
発行所 〒162-0821 東京都新宿区津久戸町3-11-9F
日本学習図書株式会社
電 話 03-5261-8951 ㈹

ISBN978-4-7761-5355-9
C6037 ¥2000E

9784776153559

定価2,200円
(本体2,000円＋税10%)

1926037020004

詳細は http://www.nichigaku.jp 日本学習図書 検索